本書根據廣東省立中山圖書館藏民國六年（1917）刊本影印

西樵歷史文化文獻叢書

論語注（一）

（清）康有爲　著

广西师范大学出版社
GUANGXI NORMAL UNIVERSITY PRESS
·桂林·

圖書在版編目（CIP）數據

論語注：全二册 /（清）康有爲著．—桂林：廣西師範大學出版社，2016.8
（西樵歷史文化文獻叢書）
ISBN 978-7-5495-8710-0

Ⅰ．①論… Ⅱ．①康… Ⅲ．①儒家②《論語》—注釋 Ⅳ．①B222.22

中國版本圖書館 CIP 數據核字（2016）第 195696 號

廣西師範大學出版社出版發行
（廣西桂林市中華路 22 號　郵政編碼：541001
網址：http://www.bbtpress.com）
出版人：張藝兵
全國新華書店經銷
廣西大華印刷有限公司印刷
(廣西南寧市高新區科園大道 62 號　郵政編碼：530007)
開本：890 mm × 1 240 mm　1/32
印張：17.625　　字數：250 千字
2016 年 8 月第 1 版　　2016 年 8 月第 1 次印刷
定價：69. 80 元（全二册）

《西樵歷史文化文獻叢書》編輯委員會

叢書總序

温春來　梁耀斌

呈現在讀者面前的，是一套圍繞佛山市南海區西樵鎮編修的叢書。爲一個鎮編一套叢書並不出奇，但爲一個鎮編撰一套多達兩三百種圖書的叢書可能就比較罕見了。編者的想法其實挺簡單，就是要全面整理西樵鎮的歷史文化資源，探索一條發掘地方歷史文化資源的有效途徑。最後編成一套規模巨大的叢書，僅僅因爲非如此不足以呈現西樵鎮深厚而複雜的文化底藴。叢書編者秉持現代學術理念，並非好大喜功之輩。僅僅爲確定叢書框架與大致書目，編委會就組織七八人，研讀各個版本之西樵方志，通過各種途徑檢索全國各大公藏機構之古籍書目，並多次深入西樵鎮各村開展田野調查，總計歷時六月餘之久。隨着調研的深入，編委會益發感覺到面對着的是一片浩瀚無涯的知識與思想的海洋，於是經過反復討論、磋商，決定根據西樵的實際情況，編修一套有品位、有深度、能在當代樹立典範並能夠傳諸後世的大型叢書。

天下之西樵

明嘉靖初年，浙江著名學者方豪在《西樵書院記》中感慨：『西樵者，天下之西樵，非嶺南之西樵也。」① 此話係因當時著名理學家、一代名臣方獻夫而發，有其特定的語境，但卻在無意之間精當地揭示了西樵在整個中華文明與中國歷史進程中的意義。

西樵鎮位於珠江三角洲腹地的佛山市南海區西南部，北距省城廣州 40 多公里，以境内之西樵山而得名。西樵山由第三紀古火山噴發而成，山峰石色絢爛如錦。相傳廣州人前往東南羅浮山采樵，謂之東樵，往西面錦石山采樵，謂之西樵，『南粤名山數二樵』之説長期流傳，在廣西俗語中也有『桂林家家曉，廣東數二樵』之句。珠江三角洲平野數百里，西樵山拔地而起於西江、北江之間，面積約 14 平方公里，中央主峰大科峰海拔 340 餘米。據説過去大科峰上有觀日臺，雞鳴登臨可觀日出，夜間可看到羊城燈火。如今登上大科峰，一覽山下魚塘河涌縱橫，闤闠閭閻錯落相間，西、北兩江左右爲帶。②

西樵山幽深秀麗，是廣東著名風景區。然而更值得我們注意的，是以她爲核心的一塊僅有 100 多平方公里的土地，在中國歷史的長時段中，不斷産生出具有標志性意義的文化財富以及能夠成爲某個時代標籤的歷史人物。珠江三角洲是一個發育於海灣内的複合三角洲，其發育包括圍田平原和沙田平原的先後形成過程。西樵山見證了這一過程，並且在這一片廣闊區域的文明起源與演變的歷史中扮演着重要角色。作爲多次噴發後熄滅的古火山丘，組成西樵山山體的岩石種類多樣，其中有華南地區並不多見的霏細岩與燧石，這兩種岩石因石質堅硬等原因，成爲古人類製作石器的理想材料。大約 6000 年前，當今天的珠江三角洲還是洲潭遍佈、一片汪洋的時候，這一片地域的史前人類，就不約而同地彙集到優質石料蘊藏豐富的西樵山，尋找製造生産工具的原料，留下了大量打製、磨製的雙肩石器和大批有人工打擊痕跡的石片。在著名考古學家賈蘭坡

① 方豪：《棠陵文集》（收入《四庫全書存目叢書》集部第 64 册），卷 3，《記·西樵書院記》。
② 參見曾騏《珠江文明的燈塔——南海西樵山考古遺址》，廣州：中山大學出版社，1995 年。

先生看來，當時的西樵山是我國南方最大規模的採石場和新石器製造基地，北方只有山西鵝毛口能與之比肩，因此把它們並列爲中國新石器時代南北兩大石器製造場①，並率先提出了考古學意義上的『西樵山文化』②。以霏細岩雙肩石器爲代表的西樵山石器製造品在珠三角的廣泛分佈，意味着該地區『出現了社會分工與產品交換』③，這些凝聚着人類早期智慧的工具，指引了嶺南農業文明時代的到來，所以有學者將西樵山形象地比喻爲『珠江文明的燈塔』④。除珠江三角洲外，以霏細岩爲原料的西樵山雙肩石器，還廣泛發現於粵西、廣西及東南亞半島的新石器至青銅時期遺址，顯示出瀕臨大海的西樵古遺址，不但是新石器時代南中國文明的一個象徵，而且其影響與意義還可以放到東南亞文明的範圍中去理解。

不過，文字所載的西樵歷史並没有考古文化那麼久遠。儘管在當地人的歷史記憶中，南越王趙佗陪同漢朝使臣陸賈游山、唐末曹松推廣種茶、南漢開國皇帝之兄劉隱宴遊是很重要的事件，但在留存於世的文獻系統中，西樵作爲重要的書寫對象出現要晚至明代中葉，這與珠江三角洲在經濟、文化上的崛起是一脈相承的。當時，著名理學家湛若水、霍韜以及西樵人方獻夫等在西樵山分別建立了書院，長期在此讀書、講學，他們的許多思想産生或闡釋於西樵的山水之間，例如湛若水在西樵設教，門人記其所言，是爲《樵語》。方獻夫在《西樵遺稿》中談到了他與湛、霍二人在西樵切磋學問的情景：『三（書）院鼎峙，予三人常來往，講學其

① 賈蘭坡、尤玉柱：《山西懷仁鵝毛口石器製造場遺址》，《考古學報》，1973年第2期。
② 賈蘭坡：《廣東地區古人類學及考古學研究的未來希望》，《理論與實踐》，1960年第3期。
③ 楊式挺：《試論西樵山文化》，《考古學報》，1985年第1期。
④ 曾騏：《珠江文明的燈塔——南海西樵山考古遺址》，第30—42頁。

間，藏修十餘年。』①王陽明對三人的論學非常期許，希望他們珍惜機會，時時相聚，爲後世儒林留下千古佳話，他致信湛若水時稱：『叔賢（即方獻夫）志節遠出流俗，渭先（即霍韜）雖未久處，一見知爲忠信之士，乃聞不時一相見，何耶？英賢之生，何幸同時共地，又可虛度光陰，容易失卻此大機會，是使後人而復惜後人也！』②西樵山與作爲明代思想與學術主流的理學之關係，意味着她已成爲一座具有全國性意義的人文名山，這正是方豪『天下之西樵』的涵義。清人劉子秀亦云：『當湛子講席，五方問業雲集，山中大科之名，幾與嶽麓、白鹿鼎峙，故西樵遂稱道學之山。』③方豪同時還稱：『西樵者，非天下之西樵，天下後世之西樵也。』一語道出了人文西樵所具有的長久生命力。這一點方豪也没有説錯，除上述幾位理學家外，從明中葉迄今，還有衆多知名學者與文章大家，諸如陳白沙、李孔修、龐嵩、何維柏、戚繼光、郭棐、葉春及、李待問、屈大均、袁枚、李調元、温汝適、朱次琦、康有爲、丘逢甲、郭沫若、董必武、秦牧、賀敬之、趙樸初等等，留下了吟詠西樵山的詩、文，今天我們走進西樵山，還可發現140多處摩崖石刻，主要分佈在翠岩、九龍岩、金鼠塱、白雲洞等處。與西樵成爲嶺南人文的景觀象徵相應的是山志編修。嘉靖年間，湛若水弟子周學心編纂了最早的《西樵山志》，萬曆年間，霍韜從孫霍尚守以周氏《樵志》『誇誕失實』之故而再修《西樵山志》，清初羅國器又加以重修，這三部方志已佚失，我們今天能看到的是乾隆初年西樵人士馬符録留下的志書。除山志外，直接以西樵山爲主題的書籍尚有成書於清乾隆年間的《西樵遊覽記》、道光年間的《西樵白雲洞志》、光緒年間的《紀遊西樵山記》等。

① 方獻夫：《西樵遺稿》，康熙三十五年（1696）方林鶴重刊本，卷6，《石泉書院記》。
② 王陽明：《王文成全書》，四庫本，卷4，《文録·書一·答甘泉二》。
③ 劉子秀：《西樵遊覽記》，道光十三年（1833）補刊本，卷2，《圖説》。

晚清以降，西樵山及其周邊地區（主要是今天西樵鎮範圍）產生了一批在思想、藝術、實業、學術、武術等方面走在中國最前沿的人物，成爲中國走向近代的一個縮影。維新變法領袖康有爲、一代武術宗師黄飛鴻、民族工業先驅陳啟沅、『中國近代工程之父』詹天佑、清末出洋考察五大臣之一的戴鴻慈、『嶺南第一才女』冼玉清、粵劇大師任劍輝等西樵鄉賢，都成爲具有標志性或象徵性的歷史人物。

事實上，明代諸理學家講學時期的西樵山，已非與世隔絶的修身之地，而是與整個珠江三角洲的開發聯繫在一起的。西樵鎮地處西、北江航道流經地域，是典型的嶺南水鄉，境内河網交錯，河涌多達 19 條，總長度 120 多公里，將鎮内各村聯成一片，並可外達佛山、廣州等地。①傳統時期，西樵的許多墟市，正是在這些水邊興起的。今鎮政府所在地官山，在正德、嘉靖年間已發展成爲觀（官）山市，是爲西樵有據可查的第一個墟市。據統計，明清時期，全境共有墟市 78 個。② 西樵山上的石材、茶葉可通過水路和墟市，滿足遠近各方的需求。一直到晚清之前，茶業在西樵都堪稱舉足輕重，清人稱『樵茶甲南海，山民以茶爲業，鬻茶而舉火者萬家』③。當年山上主要的採石地點，後由於地下水浸漫而放棄的石燕岩洞，因生產遺跡完整且水陸結合而受到考古學界重視，成爲繼原始石器製造場之後的又一重大考古遺址。

水網縱橫的環境使得珠江三角洲堤圍遍佈，西樵山剛好地處横跨南海、順德兩地的著名大型堤圍——桑園圍中，而且是桑園圍形成的地理基礎之一。歷史時期，西、北江的沙泥沿着西樵山和龍江山、錦屏山等海灣中島嶼或丘陵臺地旁邊逐漸沉積下來。宋代珠江三角洲沖積加快，人們開始零零星星地修築一些『秋欄基』

① 《南海市西樵山旅遊度假區志》，廣州：廣東人民出版社，2009 年，第 188—192 頁。
② 《南海市西樵山旅遊度假區志》，第 393 頁。
③ 劉子秀：《西樵遊覽記》，卷 10，《名賢》。

以阻擋潮水對田地的浸泛，這就是桑園圍修築的起因。[①] 明清時期在桑園圍內發展起了著名的果基、桑基魚塘，使這裡成爲珠江三角洲最爲繁庶之地。不難想象僅僅在幾十年前，西樵山還是被簇擁在一望無涯的桑林魚塘間的景象。如今桑林雖已大都變爲菜地、道路和樓房，但從西樵山山南路下山，走到半山腰放眼望去，尚可看見數萬畝連片的魚塘，這片魚塘現已被評爲聯合國教科文組織保護單位，是珠三角地區面積最大、保護最好、最爲完整的（桑基）魚塘之一。

桑基魚塘在明清時期達於鼎盛，成爲珠三角經濟崛起的一個重要標志，與此相伴生的，是另一個重要産業——繅絲與紡織的興盛。聯繫到這段歷史，由西樵人陳啟沅在自己的家鄉來建立中國第一家近代機器繅絲廠就在情理之中了。開廠之初，陳啟沅招聘的工人，大都來自今西樵鎮的簡村與吉水村一帶，而陳啟沅本人，也深深介入到了西樵的地方事務之中。[②] 從這個層面上看，把西樵視爲近代民族工業的起源地或許並非溢美之辭。但傳統繅絲的從業者數量仍然龐大，據光緒年間南海知縣徐賡陛的描述，當時西樵一帶以紡織爲業的機工有三四萬人。[③] 作爲産生了黃飛鴻這樣深具符號性意義的南拳名家的西樵，武術風氣濃厚，機工們大都習武，並且圍繞錦綸堂組織起來，形成了令官府感到威脅的力量。民國初年，西樵民樂村的程姓村民，對原來只能織單一平紋紗的織機進行改革，運用起綜的小提花和人力扯花方法，發明了馬鞍絲織提花絞綜，首創具有扭眼通花團的新品種——香雲紗，開創莨紗綢類絲織先河。香雲紗輕薄柔軟而富有身骨，深受廣州、上海、南京等地富人喜歡，在歐洲也被視爲珍品。上世紀二三十年代是香雲紗發展的黃金時期，如民樂林村

① 曾少卓：《桑園圍自然背景的變化》，中國水利學會等編《桑園圍暨珠江三角洲水利史討論會論文集》，廣州：廣東科技出版社，1992年，第51頁。
② 陳天傑、陳秋桐：《廣東第一間蒸汽繅絲廠繼昌隆及其創辦人陳啟沅》，載《中華文史資料文庫》第12卷《經濟工商編》，北京：中國文史出版社，1996年，第784—787頁。
③ 徐賡陛：《辦理學堂鄉情形第二稟》，載《皇朝經世文續編》，近代中國史料叢刊本，卷83，《兵政·剿匪下》。

程家一族600人，除1人務農之外，均以織紗爲業。① 隨着化纖織物的興起，香雲紗因工藝繁複、生產週期長等原因失去了競争力，但作爲重要的非物質文化遺産受到保護。西樵不僅在中國近代紡織史上地位顯赫，而且其影響一直延續至今。1998年，中國第一家紡織工程技術研發中心在西樵建成。2002年12月，中國紡織工業協會授予西樵『中國面料名鎮』稱號。② 20C4年，西樵成爲全國首個紡織産業升級示範區，國家級紡織檢測研發機構相繼進駐，紡織産業創新平臺不斷完善。③ 據不完全統計，西樵整個紡織行業每年開發的新産品有上萬個。④

除上文提及的武術、香雲紗工藝外，更多的西樵非物質文化遺産是各種信仰與儀式。西樵信仰日衆多，其中較著名者有觀音開庫、觀音誕、大仙誕、北帝誕、師傅誕、婆娘誕、土地誕、龍母誕等。據統計，全鎮共擁有105處民間信仰場所，其中除去建築時間不詳者，可以明確斷代的，建於宋代的有3所，即百西村六祖廟、西邊三帝廟、牌樓周爺廟；建於元明間的有1所，即河溪北帝廟；建於明代的有2所，分別是百西村北帝祖廟和百西村洪聖廟；建於清代的廟宇有28所；其餘要麼是建於民國，要麼是改革開放後重建，真正的新建信仰場所寥寥無幾。⑤ 除神廟外，西樵的每個自然村落中都分佈着數量不等的祠堂，相較於西樵山上的那些理

①《南海市西樵山旅遊度假區志》，第323頁。

②《南海市西樵山旅遊度假區志》，第303—304頁。

③《西樵紡織行業加快自主創新能力》，見中國紡織工業協會主辦、中國紡織信息中心承辦之『中國紡織工業信息網』，http://news.ctei.gov.cn/zxzx—lmxx/12495.htm。

④《開發創新走向國際　西樵紡織企業年開發新品上萬個》，見中國紡織工業協會主辦、中國紡織信息中心承辦之『中國紡織工業信息網』，http://news.ctei.gov.cn/zxzx—lmxx/12496.htm。

⑤梁耀斌：《廣東省佛山市西樵鎮民間信仰的現狀與管理研究》，中山大學2011年碩士學位論文。

學聖地，神靈與祖先無疑更貼近普通百姓的生活。西樵的一些神靈信仰日，如觀音誕、大仙誕，影響遠及珠江三角洲許多地區乃至香港，每年都吸引數十萬人前來朝聖。

傳統文化的基礎工程

上文對西樵的一些初步勾勒，揭示了嶺南歷史與文化的幾個重要面相。進而言之，從整個中華文明與中國歷史進程的角度去看，西樵在不同時期所產生的文化財富與歷史人物，或者具有全國性意義，或者可以放在中華文明統一性與多元化的辯證中去理解，正所謂『西樵者，天下之西樵，非嶺南之西樵也』。不吝人力與物力，將博大精深的西樵文化遺産全面發掘、整理並呈現出來，是當代西樵各界人士以及有志於推動嶺南地方文化建設的學者們的共同責任。這決定了《西樵歷史文化文獻叢書》不是一個簡單的跟風行爲，也不是一個隨便的權宜之計。叢書是展現給世界看的，也是展現給未來看的，我們力圖把這片浩瀚無涯的知識寶庫呈現於世人之前，我們更希望，過了很多年之後，西樵的子孫們，仍然能夠爲這套叢書而感到驕傲，所有對嶺南歷史與文化感興趣的人們，能夠感激這套叢書爲他們做了非常重要的資料積纍。根據這一指導思想，經過反復討論，編委會確定了叢書的基本内容與收録原則，其詳可參見叢書之『編撰凡例』，在此僅作如下補充説明。

叢書尚在方案論證階段，許多知情者就已半開玩笑半認真地名之爲『西樵版四庫全書』，這個有趣的概括非常切合我們對叢書品位的追求，且頗具宣傳效應，是對我們的一種理解和鼓舞。但較之四庫全書編修的時代，當代人對文化與學術的理解顯然更具多元性與平民情懷，那個時代有資格列入『四庫』的，主要是知識精英們創造的文字資料，我們固然會以窮搜極討的態度，不遺餘力地搜集這類資料，但我們同樣重視尋常百姓書寫的文獻，諸如家譜、契約、書信等等，它們現在大都散存於民間，保存狀況非常糟糕，如果不及時搜集，就會逐漸毀損消亡。

能夠體現叢書編者的現代意識的，還有邀請相關領域的專業人士以遵循學術規範爲前提，通過深入田野調查撰寫的描述物質文化遺産、非物質文化遺産的作品。這兩部分内容加上各種歷史文獻，構成了完整的地方傳統文化資源。目前不管是學術界還是地方政府，均尚未有意識地根據這三大類别，對某個地域的傳統文化展開全面系統的發掘、整理與出版工作。在這個意義上，《西樵歷史文化文獻叢書》無疑具有較大開拓性、前瞻性與示範性。叢書編者進而提出了『傳統文化的基礎工程』這一概念，意即拋棄任何功利性的想法，扎扎實實地將地方傳統文化全面發掘並呈現出來，形成能夠促進學術積累並能夠傳諸後世的資料寶庫，在真正體現出一個地方的文化深度與品位的同時，爲相關的文化産業開發提供堅實基礎。希望《西樵歷史文化文獻叢書》的推出，在這個方面能産生積極影響。

高校與地方政府合作的成果

西樵人文底蘊深厚，這是叢書能夠編撰的基礎；西樵鎮地處繁華的珠江三角洲，則使得叢書編撰有了充足的物質保障。然而，這樣浩大的文化工程能夠實施，光憑天時、地利是不夠的，一群志同道合的有心者所表現出來的『人和』也是非常關鍵的因素。

2009年底，西樵鎮黨委和政府就有了整理、出版西樵文獻的想法，次年1月，鎮黨委書記邀請了中山大學歷史學系幾位教授專程到西樵討論此事。通過幾天的考察與交流，幾位鎮領導與中大學者一致認定，以現代學術理念爲指導，爲了全面呈現西樵文化，必須將文獻作者的範圍從精英層面擴展到普通百姓，並且應將物質文化遺産與非物質文化遺産的内容也包括進來，形成一套《西樵歷史文化文獻叢書》。爲了慎重起見，決定由中大歷史學系幾位教授組織力量進行先期調研，確定叢書編撰的可行性與規模。經過6個多月的努力，調研組將成果提交給西樵鎮黨委，由相關領導與學者坐下來反復討論、修改、再討論……，並廣泛徵求西樵地方文化人士的意見，與他們進行座談。歷時兩個多月，逐漸擬定了叢書的編撰凡例與大致書目，並彙報給南海區委、區政府與中山大學校方，得到了高度重視與支持。2010年9月底，簽定了合作協議，組成了《西樵歷史文化文獻叢書》編輯委員會，決定由西樵鎮政府出資並負責協調與聯絡，由中山大學相關學者牽頭，組織研究力量具體實施叢書的編撰工作。

值得一提的是，《西樵歷史文化文獻叢書》是近年來中山大學與南海區政府廣泛合作的重要成果之一，並爲雙方更深入地進行文化領域的合作打下了堅實基礎。2011年6月，中山大學與南海區政府決定在西樵山共建『中山大學嶺南文化研究院』，康有爲當年讀書的三湖書院，經重修後將作爲研究院的辦公場所與教學、研究基地。嶺南文化研究院秉持高水準、國際化、開放式的發展定位，將集科學研究、教學、學術交流、服務地方爲一體，力爭建設成爲在國際上有較大影響的嶺南文化研究中心、資料信息中心、學術交流中心、人才培養基地。研究院的成立，是對西樵作爲嶺南文化精粹所在及其在中華文明史中的地位的肯定，編撰《西樵歷史文化文獻叢書》也順理成章地成爲研究院目前最重要的工作之一。

在已超越温飽階段，人民普遍有更高層次追求，同時市場意識又已深入人心的中國當代社會，傳統文化迎來了新一輪的復興態勢。這對地方政府與學術界都是新的機遇，同時也產生了值得思考的問題：如何在直接的經濟利益與謹嚴求真的文化研究之間尋求平衡？我們是追求短期的物質收穫還是長期的區域形象？當各地都在弘揚自己的文化之際，如何將本地的文化建設得具有更大的氣魄和胸襟？《西樵歷史文化文獻叢書》或許可以視爲對這些見仁見智問題的一種回答。

叢書編撰凡例

一、本叢書的『西樵』指的是以今廣東省佛山市南海區西樵鎮爲核心、以文獻形成時的西樵地域概念爲範圍的區域，如今日之丹灶、九江、吉利、龍津、沙頭等地，均根據歷史情況具體處理。

二、本叢書旨在全面發掘並弘揚西樵歷史文化，其基本内容分爲三大類別：（1）歷史文獻（如志乘、家乘、鄉賢寓賢之論著、金石、檔案、民間文書以及紀念鄉賢寓賢之著述等）；（2）非物質文化遺產（如口述史、傳説、民謡與民諺、民俗與民間信仰、生産技藝等）；（3）自然與物質文化遺産（如地貌、景觀、遺址、建築等）。擴展内容分爲兩大類别：（1）有關西樵文化的研究論著；（2）有關西樵的通俗讀物。出版時，分别以《西樵歷史文化文獻叢書・歷史文獻系列》、《西樵歷史文化文獻叢書・非物質文化遺産系列》、《西樵歷史文化文獻叢書・自然與物質文化遺産系列》、《西樵歷史文化文獻叢書・研究論著系列》、《西樵歷史文化文獻叢書・通俗讀物系列》命名。

三、本叢書收録之歷史文獻，其作者應已有蓋棺定論（即於 2010 年 1 月 1 日之前謝世）；如作者爲鄉賢，則其出生地應屬於當時的西樵區域；如作者爲寓賢，則作者曾生活於當時的西樵區域内。

四、鄉賢著述，不論其内容是否直接涉及西樵，但凡該著作具有文化文獻價值，可代表西樵人之文化成就，即收録之；寓賢著述，但凡作者因在西樵活動而有相當知名度且在中國文化史上有一席之地，則其著述内容無論是否與西樵有關，亦收録之；非鄉賢及寓賢之著述，凡較多涉及當時的西樵區域之歷史、文化、景觀者，亦予收録。

五、本叢書所收録紀念鄉賢之論著，遵行本凡例第三條所定之蓋棺定論原則及第一條所定之地域限定，且叢書編者只搜集留存於世的相關紀念文字，不爲鄉賢新撰回憶與懷念文章。

六、本叢書收録之志乘，除此次編修叢書時新編之外，均編修於1949年之前。

七、本叢書收録之家乘，均編修於1949年之前，如係新中國成立後的新修譜，可視情況選擇譜序予以結集出版。地域上，以2010年1月1日之西樵行政區域爲重點，如歷史上屬於西樵地區的百姓願將族譜收入本叢書，亦從其願。

八、本叢書收録之金石、檔案和民間文書，均産生於1949年之前，且其存在地點或作者屬於當時之西樵區域。

九、本叢書整理收録之西樵非物質文化遺産，地域上以2010年1月1日之西樵行政區域爲準，内容包括傳説、民謡、民諺、民俗、信仰、儀式、生産技藝及各行業各戰綫代表人物的口述史等，由專業人員在系統、深入的田野工作基礎上，遵循相關學術規範撰述而成。

十、本叢書整理收録之西樵自然與物質文化遺産，地域上以2010年1月1日之西樵行政區域爲準，由專業人員在深入考察的基礎上，遵循相關學術規範撰述而成。

十一、本叢書之研究论著系列，主要收録研究西樵的專著與單篇論文，以及國内外知名大學的相關博士、碩士論文，由叢書編輯委員會邀請相關專家及高校合作收集整理或撰寫而成。

十二、本叢書組織相關人士，就西樵文化撰寫切合實際且具有較强可讀性和宣傳力度的作品，形成本叢書之通俗讀物系列。

十三、本叢書視文獻性質採取不同編輯方法。原文獻係綫裝古籍或契約者，影印出版，並視情況添加評介、題注、附録等；如係碑刻，採用拓片或照片加文字等方式，並添加説明；如爲民國及之後印行的文獻，或影印出版，或重新録入排版，並視情況補充相關資料；新編書籍採用簡體横排方式。

十四、本叢書撰有《西樵歷史文化文獻叢書書目提要》一册。

總目

評介

唐明貴

《論語注》是康有爲在戊戌變法失敗後，避難印度的大吉嶺時所撰，該書完成於公元1902年，刊刻於1917年。在這部書中，康有爲融通古今，兼攝中外，陶鑄涵泳，以今文經學爲枝幹，以西學爲花果，以期收到『化古昔爲今務』的政治功效，帶有明顯的時代特色。

一

康有爲不是一個純粹的學者，而是一個欲以經學干政的政治活動家，他想根據時代的需要，通過對《論語》等儒家經典的新闡釋，建構一套系統理論，以解決現實社會所提出的問題，重構政治社會的合法性依據。而今文經學恰恰能夠滿足康有爲的上述欲求，因爲今文經學的特點是既勘落名物訓詁，又不究心于義理性命，其宗旨是『以經術明治亂』①，即假借對歷史文本作一種『牽引飾説』和『微言大義』的解釋去緣飾政治，其關注的是爲某種政治社會理念尋找歷史經驗的學理根據。這種『喜以經術作政論』的解經方

① 章太炎：《章太炎全集》（三），上海人民出版社，1984年，第476頁。

法，不是對歷史現象的陳述，也不是對歷史文本作内在關聯的觀念解釋，而是通過創造性詮釋把文本『作爲工具去達到任何特殊的利益或目的』①。所以康有爲的《論語注》以『魯《論》爲正，其引證以今學爲主』。這是他的經學立場，也是他的治經原則。這一特點首先從其對《論語》的成書、價值的認識及其作《論語注》的目的中反映出來。

關於《論語》的成書，康有爲認爲《論語》輯本定自曾子後學之手，過去鄭玄以爲仲弓、子游、子夏等撰定，實大謬不然，『夷考其書，稱諸弟子或字或名，惟曾子稱子，且特叙曾子啟手足事，蓋出於曾子門人弟子後學所纂輯也。夫仲弓、游、夏皆年長於曾子，而曾子最長壽，年九十餘，安有仲弓、游、夏所輯，而子曾子，且代曾門記其啟手足耶？』據《論語·泰伯》載：『曾子有疾，召門弟子曰：「啟予足！啟予手！《詩》云：『戰戰兢兢，如臨深淵，如履薄冰。』而今而後，吾知免夫，小子！」』這不能不説是曾參的門弟子的記載，所以康有爲的説法雖不確當如除曾子外有子亦稱子，但也不無道理。既然《論語》出于曾門，那麼它必然帶有曾門的特點，『而曾子之學專主守約。觀其臨没鄭重言君子之道，而乃僅在顏色、容貌、辭氣之粗；乃啟手足之時，亦不過戰兢于守身免毁之戒。所輯曾子之言凡十八章，皆約身篤謹之言，與《戴記·曾子》十篇相符合。宋葉水心以曾子未嘗聞孔子之大道，殆非過也。』曾子之學術如此，因而『其門弟子之宗旨意識可推矣。故于子張學派攻之不遺，其爲一家之學説，而非孔門之全，亦可識矣。夫以孔子之道之大，孔門

① 黑格爾：《哲學史講演録》第1卷，商務印書館，1959年，第4頁。

高弟之學術之深博如此，曾門弟子之宗旨學識狹隘如彼，而乃操採擇輯纂之權，是猶使僬僥量龍伯之體，令鄙人數朝廟之器也。其必謬陋粗略，不得其精盡，而遺其千萬，不待言矣！』如果是『顔子、子貢、子木、子張、子思輯之，吾知其博大精深必不止是也』。如果是『仲弓、子游、子夏輯之，吾知其微言大義之亦不止此也』。故『《論語》之學實曾學也，不足以盡孔子之學也』。

康有爲認爲，《論語》不僅輯自『守約』之曾門，而且在後世流傳過程中屢遭變故。先是安昌侯張禹混合齊《論》、魯《論》，擇善而從以成《張侯論》。『安昌侯張禹受魯《論》于夏侯建，又從庸生、王吉受齊《論》，擇善而從以教成帝，最後行於漢世。然魯齊之亂，自張禹始矣。』接着劉歆作僞經以奪真經，『劉歆僞《古文論語》託稱出孔子壁中，又爲傳託之孔安國，而馬融傳而注之，云多有兩《子張》篇，分《堯曰》以下子張問政爲《從政》篇，凡二十一篇，篇次不與齊魯同。桓譚《新論》謂文異者四百餘字，然則篇次文字多異，其僞託竄亂當不止此矣。』隨後鄭玄合魯《論》、齊《論》、古《論》爲一，遂使劉歆之僞經羼入曾門之真經，『自鄭玄以魯、齊與古《論》合而爲書，擇其善者而從之，則真僞混淆，至今已不可復識。于是曾門之真書亦爲劉歆之僞學所亂，而孔子之道益雜羼矣。』末誤于宋儒之誤讀，真僞不辨，遂使曾子之學大盛。『宋賢復出求道，推求遺經，而大義微言無所得，僅獲《論語》爲孔子言行所在，遂以爲孔學之全，乃大發明之，翼以《大學》、《中庸》、《孟子》，號爲四子書，拔在六經之上，立于學官，日以試士。蓋千年來，自學子束髮誦讀，至于天下推施奉行，皆奉《論語》爲孔教大宗正統，以代六經，而曾子守約之儒學，於是極盛矣。』

如此一來，《論語》是不是還有其研究價值呢？康有爲認爲，《論語》仍有其研究價值：一是《論語》記載孔門行事甚詳，『孔門之聖事若弟子之言論行事，藉以考其大略。司馬遷撰述《仲尼弟子列傳》，其所據引不能外《論語》』。二是『凡人道所以修身待人、天下國家之意，擇精語詳，他傳記無能比焉』。『想見肫肫之大仁，於人道之則，學道之門，中正無邪，甚周甚備，可爲世世之法。自六經微絶，微而顯，典而則，無有比者』；於大道式微之後，得此遺書別擇而發明之，亦足爲宗守焉。』三是康有爲認爲，由曾門弟子編纂而成的《論語》，經過齊魯學者的口耳相傳，在西漢時形成了今文《論語》（這些《論語》寫本與曾氏弟子編纂的《論語》寫本是源流關係，後者對前者有繼承有發展①），成爲六經尤其是《春秋》和《易》的附庸，號稱爲『傳』；今文《論語》學也成爲今文經學特别是其中的《春秋》學和《易》學發展的助推器。『其流傳自西漢，天下世諷之甚久遠，多孔子雅言，爲六經附庸，亦相輔助焉。』但好景不長，『不幸而劉歆篡聖，作僞經以奪真經，公、穀《春秋》，焦、京《易》説既亡，而今學遂盡，諸家遂掩滅，太平、大同、陰陽之説皆没於是，孔子之大道掃地盡矣』。後宋儒拔超《論語》於『六經之上』，《論語》遂爲孔教大宗正統，以代六經。這就使得《論語》喪去了其在今文經學中的輔助地位和本來面目。所以康有爲認爲只有剔除劉歆僞篡之古文經，恢復《論語》在今文經學中之原有地位和本來面目，才能使其重新發揮其功能、彰顯其價值。他説：『聖道不泯，天既誘予小子發明《易》、《春秋》陰陽、靈魂、太平、大同之説，而《論語》本出今學，實多微言，所發大同神明之道，有極精奥者。』康有爲欲通過發明《易》、《春秋》的思想，並把這種思

① 詳見拙文《〈古論〉、〈齊論〉與〈魯論〉考述》，《陰山學刊》2006年第1期。

想貫徹到《論語注》中，從而恢復《易》、《春秋》與《論語》『相輔助』的今文經學，進而彰顯《論語》的經世價值。於是他通過注釋《論語》，欲抉發大義，『正僞古之謬，發大同之漸』，其注解的基本立場是『其經文以魯《論》爲正，其引證以今文爲主，……其諸本文字不同，折衷于石經，其衆石經不同者，依漢，無則從唐，或從多數。』①從其正僞古之謬、《論語》多微言、本出今文、發大同之漸以及經文、引證以今文爲主等等表述，可以非常清楚地看出，康有爲在思想觀念上是絕對宗主今文經學的。

其次，宗主今文經學，還表現在不論是《論語》的篇次、經文的文句還是經義的解釋方面，都斥古文，尊今文。

《論語》的篇次，是康有爲非常注重的一個問題，在此問題上，康有爲秉持着不以古文爲准的原則。比如《雍也》篇題下康有爲注曰：『皇疏言，《古論》以《雍也》爲第三篇，此僞本不足據。足見《古論》之多變異，而前儒亦有知爲僞本矣。』（康有爲：《論語注》，第71頁）對於經文文句康有爲更是一概擯棄古文，而從今文。比如《爲政》篇首章：『子曰：爲政以德，譬如北辰，居其所而衆星拱之。』康有爲注曰：

鄭玄本作『拱』，蔡邕《明堂月令論》引亦作『拱』，《吕氏·始覽》引作『拱』，趙岐《孟子注》皆

① 以上引文除注明出處者外均見康有爲：《論語注·序》，中華書局，1984年。

作「拱」，則今文當作「拱」，而「共」爲古文，今不從。（康有爲：《論語注》，第16頁）

因爲「拱」是今文經，所以康有爲主張從之。又如《憲問》「子張曰：《書》云：『高宗梁闇，三年不言。』何謂也？」下，康有爲注曰：

伏生《大傳·説命篇》三引皆作「梁闇」。伏生傳今文，故從之。今本作「諒陰」，《無逸》作「亮陰」，《吕氏春秋》作「諒陰」，《公羊》何休《注》、《漢書·五行志》作「涼」。「亮」、「涼」、「諒」，皆「梁」音，通。「陰」與「闇」通，即今「庵」也。（康有爲：《論語注》，第224頁）

因爲伏生是傳今文的，所以，康有爲遵從伏生的觀點。

但是，由于《論語》流傳已久，有些文句實在分不清究竟是古《論》還是齊《論》了，在這種情況下，康有爲斷然決定從魯《論》，因爲，魯《論》是毫無疑問的今文。比如，《微子》「楚狂接輿歌而過孔子曰：『鳳兮鳳兮！何而德之衰也？往者不可諫也，來者猶可追也。期期已矣，今之從政者殆』」下，康有爲注曰：

《集解》作「已而已而，今之從政者殆而」，不知爲古文歟？爲《齊論》歟？《魯論》作「期期已矣，今之從政者殆』，今從《魯論》。漢石經作『何而德之衰也』，與《莊子》合，唐石經及皇本作『何德之衰也』。又：『諫』、『追』下漢《石經》及皇本、高麗本皆有『也』字，今本無之。（康有爲：《論語注》，第277—278頁）

同樣，斥古文而從今文，不但表現在篇次與文句上，而且還表現在對文義的解釋上，比如《八佾》篇首章：『孔子謂季氏，「八佾舞于庭，是可忍也，孰不可忍也？」』康有爲這樣解釋道：

謂，說也。忍，耐也。季氏，魯大夫季孫氏也。佾，舞列也。《公羊》、《穀梁》謂：『天子八，諸公六，諸侯四。』《白虎通》、高誘注《淮南》，謂『每佾六人』。《左傳》與馬融、服虔以爲每佾八人。天子八，諸侯六，大夫四，士二，皆僞古文說，今不從。（康有爲：《論語注》，第30頁）

而在更多的時候康有爲更是直接批評古文經，特別是劉歆的僞古文經，而倡言今文經。比如關于孔子五十而學《易》的問題，《述而》篇有『子曰：「加我數年，五十以學，亦可以無大過矣。」』康有爲先在這句經文下作了小注：『鄭《注》：《魯》讀「易」爲「亦」。』然後作了非常詳細的闡釋：

《漢外黃令高彪碑》：『恬虛守約，五十以斆』，正從《魯》讀之句讀，則漢人《論語》本無學《易》之說至明。經傳易改，碑文難竄亂也。《說文》：『斆，覺悟也。』蓋爲學孜孜，望有豁然證悟之一時，乃不致終身誤人，而後可以無大過矣。惠棟曰：『君子愛日以學，及時而成，五十以學，斯爲晚矣。然秉燭之明，尚可寡過。此聖人之謙辭，當是對老者勉勵之詞。』《史記》：『孔子晚而善《易》，讀《易》韋編三絶，曰：「假我數年，若是我於《易》則彬彬矣。」』未審是《齊論》否？或亦劉歆所竄。若今本《論語》作『加我數年，五十以學《易》，可以無大過矣』，此爲劉歆《古文論語》竄改。今考《史記·孔子世家》，編此章在自衛反魯，删《詩》、《書》，定《禮》、《樂》之後，作《春秋》之前。朱子以爲年將七十，此言五十，則與《世家》説無關，足證其爲劉歆竄改傅會之僞。（康有爲：《論語注》，第95—96頁）

他之所以認爲此經爲劉歆僞竄，是因爲在他看來，『《易》之八卦，畫自包犧，六十四卦，重自文王，今文家司馬遷、楊雄皆無異説。故全《易》、《彖》、《象》、《繫辭》、《文言》皆孔子所作，其《説卦》爲河内女子所得，乃後出。《序卦》、《雜卦》爲劉歆所僞附』。在《新學僞經考·經典釋文糾謬》中康有爲對此做了詳細的分析，指出：

《周易正義·論卦辭爻辭誰作》云：『二以爲驗爻辭多是文王後事。案升卦六四「王用亨于岐山」，武王克殷之後，始追號文王爲「王」，若爻辭是文王所制，不應云「王用亨于岐山」；又明夷六五「箕子之明夷」，武王觀兵之後，箕子始被囚奴，文王不宜預言箕子之明夷……』如《正義》言，爻辭又不得爲文王作，則《藝文志》謂『文王作上下篇』者謬矣。三聖無周公，然則舍孔子誰作之哉！故《易》之卦爻始畫于犧、文，《易》之辭全出於孔子。『十翼』之名，史遷父受《易》于楊何未之聞，殆出於劉歆之説。按：《史記·孔子世家》有《文言》、《説卦》而無《序卦》、《雜卦》，《漢書·藝文志》亦無《雜卦》。……《易》既以卜筮得存，自商瞿傳至楊何以至史遷，未嘗云亡失，又未嘗有《序卦》、《雜卦》。《論衡》以《説卦》出於宣帝時，則史遷所未睹，其爲後出之僞書，《孔子世家》爲僞竄可知。王充云『益《易》一篇』，《隋志》云『失三篇』，因河内後得之事而附《序卦》、《雜卦》，是《序卦》、《雜卦》爲劉歆僞作可見，三篇非孔子作明矣。《繫辭》，歐陽永叔、葉水心以爲非孔子作，考其辭頻稱『子曰』，蓋孔子弟子所推補者，故史遷以爲『大傳』也。《彖》、《象》與《卦辭》、《爻辭》相屬，分爲上下二篇，乃孔子所作原本。歆以上下二篇屬之演爻之文王，既不可通；因以己所僞作之《序卦》、《雜卦》附之河内女子所得之事，而以爲孔子作十篇爲《十翼》；奪孔子所作而與之文王、周公，以己所作而冒之孔子。①

在這段文字中，康有爲力圖證明：（一）雖然『《易》之八卦，畫自包犧，六十四卦，重自文王』，但《易經》之卦、爻辭和《彖傳》、《象傳》、《繫辭》、《文言》皆作于孔子；（二）《序卦》、《雜卦》爲劉歆僞作，《説卦》也是後出之僞書，三者均非出自孔子之手；（三）《彖》、《象》二傳與卦、爻辭是一體的。康有爲

① 康有爲：《新學僞經考》，中華書局，1956年，第208—209頁。

指出，『《彖》、《象》與《卦辭》、《爻辭》相屬，分爲上下二篇。』劉歆『所奪而歸於文王、周公』的應是卦、爻辭，而《彖傳》、《象傳》在『十翼』之中；（四）『十翼』之説亦源自劉歆之口。劉歆爲了説明《易》非孔子所作，故改曰學《易》，並傳會《史記》加以證明。『劉歆既以《左傳》竄孔子之《春秋》，又造僞説，謂《彖辭》作于文王，《象辭》作于周公，孔子僅爲十翼。故改曰學《易》，以明《易》非孔子所作，抑以無大過，以明孔子之爲後學。蓋欲篡孔子之《易》，竄改《論語》，傳會《史記》，以證成之。幸有魯讀及《史記》今文猶存，猶得以證其僞亂。俾大聖作《易》之事，如日中天也。』①康有爲通過改易經文，把孔子學《易》釐正爲孔子作《易》，其目的就在於進一步確立孔子作『六經』爲後世立法的觀點。他曾多次指出，『「六經」皆孔子所作。《詩》、《書》、《禮》、《樂》，少年所作；《易》、《春秋》，晚年所作』，『《春秋》言治』，『《儀禮》特立大綱之義』，『孔子改制，見諸「六經」』。②今文經學家主張『六經』乃孔子加工製作而成，康有爲的上述觀點既契合了今文經學家的主張，同時也爲其改弦更張、『以經術作政論』打開了方便之門。

① 康有爲：《論語注》，第96頁。按，康有爲所説『《彖辭》作于文王，《象辭》作于周公』，此處之《彖辭》、《象辭》，我們認爲應指卦辭、爻辭，而不是指『十翼』中的《彖傳》、《象傳》。《説文》段玉裁注有云：『象，……《周易》卦辭謂之象，爻辭謂之象。』朱熹《周易本義・繫辭上》『象者，言乎象者也；爻者，言乎變者也』下，注云：『象，謂卦辭，文王所作者。爻，謂爻辭，周公所作者。象，指全體而言。變，指一節而言。』清人馬其昶《易費氏學》亦曰：『卦辭皆斷其本然之象，可以決言，故謂之象。象者，斷也。爻辭皆擬議其將然之象，進退未定，故第曰象也。』根據以上解釋，康有爲指稱劉歆僞説之『謂《彖辭》作于文王，《象辭》作于周公』，其意應爲『卦辭作于文王，爻辭作于周公』，只有這樣理解才與下文『孔子僅爲十翼』不矛盾。

② 康有爲：《萬木草堂口説》，見《康有爲全集》（二），上海古籍出版社，1990年，第287—289頁。

但是，康有爲對古文經的排斥有的地方是很不公正的，他常常假罪于劉歆，説劉歆篡改了《論語》經文，湮没了孔子的微言大義。例如《述而》有云：『子曰，述而不作，信而好古，竊比于我老彭。』康有爲在注解中説：『《大戴禮虞戴德》、《吕氏春秋執一篇》、《世本》、《漢書古今人表》與包咸，皆以老彭爲一人。惟鄭氏以老爲老聃，分作二人，蓋古文僞説。按，此竄改之僞古文也。雖非全行竄入，則孔子以不作好古稱老彭，而劉歆增改「竊」字。原文或是「莫比」二字。』（康有爲：《論語注》，第87頁）又如《泰伯》篇『民可使由之，不可使知之』章，康有爲注釋説：『孔子曰：「道之不明也，我知之矣。智者過之，愚者不及。」深憂長歎，欲人人明道。若不使人知，何須憂道不明，而痛歎之乎？愚民之術，乃老子之法，孔學所深惡者。聖人徧開萬法，不能執一語以疑之。』因此，他將其視爲僞古文，指出『《論語》六經多古文竄亂，今文家無引之，或爲劉歆傾孔子僞竄之言，當削附僞古文中』。（康有爲：《論語注》，第114頁）他凡遇與己意解經不通處，便推説是劉歆僞造，以便於發揮己説。

再次，改易經文，曲爲之説。今文經學解經好發議論，有時不免穿鑿附會，但一般還不至于改動經文本身，雖然康有爲遵從的經文是今文而不是古文，但畢竟是經學内部一派的經文。但如果没有根據地改動經文，就意味著超出了『六經注我』畛域了。康有爲在《論語注》中，的確有個别地方已經跨出了這一步。康有爲爲了借《論語》宣揚自己的思想主張，超出了解經的最底綫，改易經文，以適己説。如《季氏》『天下有道，則政不在大夫』章，康有爲認爲這裏的『不』字是衍字，應據舊本删掉。删去『不』字後，他注釋説：『政在大夫，蓋君主立憲。有道，謂升平也。君主不負責任。故大夫任其政。』這樣一改，本句就成爲君主立憲政體的讚歌。接下去『天下有道，則庶人不議』句，康有爲同樣認爲其中的『不』字是衍文，應該删除。他認爲此句表明了孔子大同社會的理想：『大同，天下爲公，則政由國民公議。蓋太平制，有道之至也。此章明三世之義，與《春秋》合。惟時各有宜，不能誤用，誤則生害；當其宜，皆爲有道也。《洪範》稱「謀及庶人」，「庶人從，謂之大同」。……若如今本「庶人不議」，則專制防民口之厲王爲有道耶？與群經義相反，固知爲行文之誤也。或後人妄增。』（康有爲：《論語注》，第250頁）這樣，康有爲通過大膽删改《論語》原文字句，便把公羊三世説掛搭在《論語》之上，用孔子的話爲升平世爲君主立憲、太平世爲民主共和的新三世説張目。

最後，闡發孔子改制説等微言大義。今文經學以孔子爲哲學家、政治思想家，爲『受命』『素王』，主張『托古改制』，認爲六經皆孔子製作。其特點是注重『微言大義』，結合現實闡發經義，具有較豐富的哲學、政治思想。康有爲在《論語注》中也充分發揮了今文經學的這一特點。如《子罕》有『子畏於匡，曰：「文王既没，文不在兹乎？天之將喪斯文也，後死者不得與斯文也；天之未喪斯文也，匡人其如予何？」』章，康有爲對此解釋曰：『文者，文明之道統也。春秋繼周文王，有文明之道，文王隱没五百年，文明之道統大集于孔子。後死者，孔子對文王自謂也。言天若絶文明之統，則孔子自謂不得爲文明之教主；天若未絶文明之統，則我爲文明之教主，匡人必不能違天相害。《春秋》之始元年春王正月，《公羊傳》曰：「王者孰謂？謂文王也。」何休述口説曰：「文王者，法其生，不法其死，與後王共之，人道之始也。」王愆期曰：「文王，孔子也。蓋至孔子而肇制文明之法，垂之後世，乃爲人道之始，爲文明之王。」蓋孔子未生以前，亂世野蠻，不足爲人道也。蓋人道進化以文明爲率，而孔子之道尤尚文明。公羊先師口説，與《論語》合符，既皆爲今文家之傳，又爲孔子親言，至可信也。蓋孔子上受天命，爲文明之教主，文明之法王，自命如此，並不謙遜矣。』孔子爲『上受天命』的素王，爲後世創制立法，堪爲文明教主。康有爲進而指出，按照公羊派的緯書《春秋緯》，孔子製作新法以開來世，爲新王教主，其大義微言載之『六經』，『孔子仰推天命，俯察時變，却觀未來，預測無窮，故作撥亂之法，載之《春秋》。删《書》，則民主首堯舜，以明太平。删《詩》，則君主首文王，以明升平。《禮》以明小康，《樂》以著大同，《系易》則極陰陽變化，幽明死生，神魂之道。作《春秋》以明三統三世，撥亂升平太平之法。故其言曰：「文王既没，文不在兹？」又曰：「天生德于予。」雖藉四代爲損益，而受命改制，實爲創作新王教主。』（康有爲：《論語注》，第87頁）而孔子的改制也並非憑空而爲，而是『取三代之制度而斟酌損益之。如夏時、殷輅、周冕、虞樂，各有所取，然本于周制爲多。非徒時近俗宜，文獻足徵，實以周制上因夏、殷，去短取長，加以美備，最爲文明也。』（康有爲：《論語注》，第38頁）

二

康有爲的《論語注》，與此前的所有《論語》注疏相比，最突出的是引借西方近代的思想觀念闡釋《論語》，給《論語注》增加了近代化的色彩。這種解經傾向主要表現在以進化論的哲學思想、自由平等博愛的人權思想、議院兩黨的政治思想和重商的經濟思想來解釋《論語》。

首先，運用進化論詮釋三世説，爲君主立憲尋找學理依據。『三世説』最早見于儒家今文學派的《春秋公羊傳》。《春秋公羊傳》説：所見異辭，所聞異辭，所傳聞異辭。後來歷經董仲舒、何休等思想家的發展，逐漸演化成爲依次發展的『據亂世』、『升平世』、『太平世』三個階段。康有爲用進化論改造儒家傳統的公羊三世説，提出『人道進化皆有定位』（康有爲：《論語注》，第28頁）的新觀念。他在注解《論語·爲政》『子張問：「十世可知也？」子曰：「殷因于夏禮，所損益可知也；周因于殷禮，所損益可知也。其或繼周者，雖百世可知也」』時説：『《春秋》之義，有據亂世，升平世，太平世。子張受此義，故因三世而推問十世，欲知太平世之後如何也。孔子之道有三統、三世，此蓋借三統以明三世，因推三世而及百世也。夏、殷、周，三統遞嬗，各有因革損益，觀三代之變，則百世可知也。蓋民俗相承，故後王之起，不能不因于前朝；弊化宜革，故一代之興，不能不損益爲新制。人道進化，皆有定位。自族制而爲部落，而成國家，而成大統。由獨人而漸立酋長，由酋長而漸正君臣，由君臣而漸爲立憲，由立憲而漸爲共和。由獨人而漸爲夫婦，由夫婦而漸定爲父子，由父子而兼錫爾類，由錫類而漸爲大同，於是復爲獨人。』他認爲三世的每一世都有其相應的政治制度：據亂世爲君主專制，升平世爲君主立憲，太平世爲民主共和。當人類社會從較低的社會階段發展到較高的社會階段時，政府的形式也要相應改變。『蓋自據亂進爲升平，升平進爲太平，進化有漸，因革有由，驗之萬國，莫不同風。』揆諸中國，孔子生當據亂之世，『今者，大地既通，歐美大變，蓋進至升平之世矣。』（康有爲：《論語注》，第27—28頁）中國也應順歷史潮流而行，實行君主立憲，如果中國仍然固守君主專制政體，不及時變法改制，那麼其結果必然導致國内大亂不止，外侮接踵而至。這裏，康有爲借用西方進化論對儒家傳統的『三世説』進行了改造，認爲社會經歷據亂世、升平世再到太平世，歷史是進化的。這種理論，在學理上爲變法維新、實現君主立憲政體提供了根據。

其次，把西方『自由』、『平等』、『博愛』等理念納入《論語》。既然實行君主立憲政體，那麽人民就應當享有自由、平等等權利，于是康有爲把西方自由平等等觀念附會孔子學説。他在解釋《公冶長》中子貢所言『我不欲人之加諸我也，吾亦欲無加諸人』這句話時寫道：『人爲天之生，人人直隸于天，人人自立自由。不能自立，爲人所加，是六極之弱而無剛德，天演聽之，人理則不可也。人各有界，若侵犯人之界，是壓人之自立自由，悖天定之公理，尤不可也。』在康有爲看來，只有尊重每個人與之俱來的自由權利，才能順乎天而應乎人，如果壓制人的自立自由，那麽就違背天理。顯而易見，這是康有爲借用西方啟蒙思想家的天賦人權論對孔子學説進行的闡幽發微式的創造性解釋。他認爲孔子那裏早就有自由思想，只是未發而已。『孔子以生當據亂，世尚幼稚，道雖極美，而行之太早，則如幼童無保傅，易滋流弊，須待進化之升平太平，乃能行之。』『近者，世近升平，自由之義漸明。』所以，他特别推崇子貢這句話，認爲它最符合近代的平等自由之義。他解釋説，『不欲人之加諸我，自立自由也；無加諸人，不侵犯人之自立自由也』。（康有爲：《論語注》，第61頁）並認爲這句話是子貢『聞孔子天道之傳，又深得仁恕之旨』以後，對孔子太平大同思想『聞一知二』的創造性發揮，它發明了『人人獨立，人人平等，人人自由，人人不相侵犯，人人交相親愛』這樣一條『人類公理』。他還特别注重『仁』，並且賦予『仁』以博愛的内涵，如在注釋《八佾》『人而不仁』章時，他解釋説：『蓋人者仁也，取仁於天，而仁也以博愛爲本，故爲善之長。』（康有爲：《論語注》，第31

頁）再如《顏淵》『樊遲問仁，子曰愛人』下，康有爲注釋曰：『蓋博愛之謂仁。孔子言仁萬殊，而此以愛人言仁，實爲仁之本義也。』（康有爲：《論語注》，第 187 頁）

再次，把議院和兩黨輪流執政制引入對《論語》的解釋中。實行君主立憲政體，議院是不可或缺的政體形式。對此，康有爲十分明了，他在解釋《八佾》『君子無所争』章時明確指出，『今各國皆立議院，一國之禦侮决于是，一國之圖存决於是，萬國之比較文明定于是，兩黨之勝負迭進立於是』。議院之作用由此可見一斑。康有爲認爲，在議院中應實行兩黨輪流執政制度，『兩黨迭進，人道之大義，孔子之微義也』，只有使兩黨争相執政，才能國治才進，『以争，而國治日進而不敢退；以争，而人才日進而不敢退。如兩軍相當，氣衰則敗。水愈長而堤愈高，交進迭上，無敢退讓，以視從容獨立無磨礪之者，其進退相反亦遠矣。……故議院以立兩黨而成治法，真孔子意哉』。這樣，康有爲便把議院和兩黨輪流執政制掛上了孔聖人的招牌，附會爲孔子的微言大義。他甚至斷言即使社會發展到『太平世』，兩黨輪流執政制這種形式亦不可廢除。『即萬國全合太平大同，而兩黨互争之義施之於政教藝業，皆不可廢者。』（康有爲：《論語注》，第 34 頁）康有爲還以『無爲而治』聯繫西方政治思想，在注釋《衛靈公》『無爲而治』章時說：『蓋民主之治，有憲法之定章，有議院之公議，行政之官，悉有師錫，公舉得人，故但恭己，無爲而可治。若不恭己，則諂用君權，撓犯憲法，亦不能治也。故無爲之治，君無責任，而要在恭己矣。此明君主立憲，及民主責任政府之法。今歐人行之，爲孔子預言之大義也。』（康有爲：《論語注》，第 229—230 頁）在他看來，無爲而治，就是當時西歐的君主立憲，認爲這是按照孔子的思想來構建的，這當然是附會之説，但却體現了康有爲引借西學以解經的特點。

最後，用近代經濟思想闡釋《論語》。中國傳統儒家宣導節衣縮食，並視之爲一種美德。康有爲則與之相反，認爲經濟生産的主要目的在于滿足人民的消費欲望，節衣縮食並不是什麼品德。如他在注解《述而》中的一章時寫道：『孔子尚文，制禮從文。若奢、儉，俱失中，而奢之害大。孔子生當據亂酋長之世，時君大夫以奢相尚，築台鑿池皆役小民，雖以文王之靈台、靈沼號稱「子來」，可謂德及民矣，然猶不免役民。其餘暴虐之長，則妄用民力，苟違民時，民生日困，無一非民脂民膏。孔子惡之，惡僭不遜也。若華美而合于禮，爲文而非奢，孔子所尚矣。後世已用雇役，爲天下合計，則財者泉也，以流轉爲道。若尚儉，則財泉滯而不流，器用窳而不精，智慧窒而不開，人生苦而不樂，官府壞而不飾，民氣偷而不振，國家瘘而不强。孔子尚文，非尚儉也，尚儉，則爲墨學矣。後儒不善讀此章，誤以孔子惡奢爲惡文，于是文美之物皆惡之。歷史所美，皆貴儉德，中國文物遂等野蠻，則誤解經義之禍也。且聖人之言，爲救世之藥，參術之與大黄，相反而各適所用。孔子言各有爲，但以救時。孔子爲聖之時，若當平世，必言與其儉也寧奢。』（康有爲：《論語注》，第105—106頁）康有爲宣稱，孔子的本意是『尚文』而不是尚儉，尚儉是墨家的主張而非儒家的主張。在他看來，人們應該追求並享受美好的生活，不能僅僅安貧樂道。只有這樣，才能民振國强。爲此他反對墨子的尚儉主張，提倡用消費刺激生産，拓展商品流通領域，讓人類在享受自己的勞動成果中獲得人生的快樂。這是符合近代西方經濟學家的思想的。

三

面對中國三千年未有之奇變以及中外文化交流碰撞的新形勢，救亡圖存成爲近代有識之士共同關懷之所在，而立志救國濟民的『南海聖人』尤允爲此中翹楚。康有爲認爲，要改變中國現狀，應從中國國情出發，『因中國人之歷史習慣而利導之』，而孔子乃國人『所同戴而誠服者』①，對這一國情必須予以高度重視。只有揭櫫孔子和儒學的旗幟，並且借用西學對其進行改鑄，才能使傳統儒學煥發青春，繼續擔綱政治統治的合法性依據。于是他試圖將《論語》等儒家經典與當下社會運動的狀況搭掛起來，使儒學適應近代社會變遷。《論語》遂充實了近代意義的新内容。這在《論語》學史上乃至整個儒學史上都具有重要的意義。

首先，在注經形式上，康有爲《論語注》在《論語》注釋史上開創了新的一頁。康有爲借用西學創造性解釋《論語》，用中國人的語言和思維方式，在中西文化的交匯處吐故納新，把西方進化論、自由平等觀、議院和兩黨輪流執政制度等融爲中國近代儒學的組成部分，使之成爲轉變觀念、改造社會的文化支撑點，並在中國傳統文化中確立了建構西方近代模式的社會政治體制的内在根據。康有爲的解釋，使《論語》中『許多隱而不彰的觀念至此而發揚光大，取得了二十世紀的新意義。經過此一創發性的轉化，古與今乃不至

① 梁啟超：《南海康先生傳》，《飲冰室合集》文集之六，中華書局，1989年，第67頁。

斷爲兩橛，而傳統儒學與現代生活復得以融爲一體』①。雖然在解釋過程中，康有爲爲了將經典思想與當下社會運動的狀況聯繫起來，不得不突破經典文本的囿限，而具有一種解釋的主觀隨意性，但他仍然借助孔子的招牌，來伸張他源自經典的變法改制思想。誠如蕭公權先生所言：『康氏的武斷解經雖使傳統派大爲吃驚，但對孔孟學説的破壞極微。他的解釋常常超越了字面，但那是對儒家經典意義的延伸而非否定。』②

其次，通過創造性的解釋，康有爲在《論語注》中拓展了傳統儒家的『外王學』。中國傳統人格理論的精粹是『内聖外王』。内聖是人格主體在德、能、學三個基本方面的自我修養，其至高境界是『極高明而道中庸』；外王則是指卓越的『治平』社會功德。内聖是外王的前提和基礎，外王是内聖的實踐歸宿和社會價值體現。内聖外王具有道德的、政治的和學術的三重理想人格含義。從原始儒學到漢代的政治儒學，再從宋明理學到現代新儒學，兩千多年裏，時代在變，儒學的詮釋也在變，但萬變不離其宗，始終在『内聖外王』的模式裏運思。在康有爲看來，《論語》多言『内聖』，鮮及『外王』。『《論語》爲言德行之書，間及禮、樂，寡及射、禦，絶不及書、數及卜祝、農藝、天文、地輿之學，純乎其爲師氏之學，爲後世學之大宗。……後世百治不舉，而人心風俗猶有善者，賴此而已。』③所以後世儒者在對《論語》進行注解時大都側重于

① 黄俊傑：《從〈孟子微〉看康有爲對中西思想的調融》，臺北『中央研究院』近代史研究所編：《近世中國經世思想研究會論文集》，1984年，第584頁。

② 蕭公權：《近代中國與新世界：康有爲變法與大同思想研究》，江蘇人民出版社，1997年，第81頁。

③ 康有爲著、姜義華等編校：《康有爲全集》第一集，上海古籍出版社，1990年，第121—122頁。

『内聖』，而對其『外王』層面重視不夠，致使其中『極精奥之大同神明之道』隱而未發。康有爲力圖扭轉這種解釋的片面性，將《論語》中隱而不彰的思想凸顯出來。爲此，他借助近代西學，沿循『從儒家經典的外在社會效應解讀原儒經典的理路』①，對《論語》進行了創造性解釋，從而在《論語》中凸顯出君主立憲政體的深層藴涵，將儒學與近代政治論説搭掛起來，從而爲儒學對于『近代性』作出理論反應奠定了基礎，指示了方向，同時也把儒家『外王學』發展到一個新的階段。這可以説是康有爲對儒學發展的一大貢獻。

最後，援西入《論》開儒學近代化之先河。檢視整個《論語》學史，我們不難發現，雖然在魏晉及宋明時期出現過援道釋《論》、援佛釋《論》的著作，但由于道家思想、佛教思想本身都是傳統中國社會的寄附品，所以援道解《論》、援佛解《論》，均没有使《論語》學發生質變。而近代西學却是反封建的産物，因此，援西入《論》使《論語》學從古代走向了近代。這在事實上開了近代以來適應時代需要援西入儒的先河。康有爲也因此成爲『二十世紀中國思想史上，一位從折衷中西思想中從事儒學現代化偉業的思想家，也是一位從儒家新解釋中努力調融中西思潮的學者。』②

① 任劍濤：《經典解讀中的原創思想負載——從〈孟子字義疏證〉與〈孟子微〉看》，《中國哲學史》2002年第1期，第41—50頁。
② 黄俊傑：《從〈孟子微〉看康有爲對中西思想的調融》，臺北『中央研究院』近代史研究所編：《近世中國經世思想研究會論文集》，1984年，第578頁。

論語注

南海康有為書

孔子二千四百六十八年丁巳秋校刊于京師美使館之美森院蒙難居幽時　更生

維新百日出亡十六年三周大地遊遍四洲經三十一國行六十萬里

論語注序

論語二十篇記孔門師弟之言行而曾子後學輯之鄭玄以爲仲弓子游子夏等撰定則不然夷考其書稱諸弟子或字或名惟曾子稱子且特叙曾子啓手足事蓋出於曾子門人弟子後學所纂輯也夫仲弓游夏皆年長於曾子而曾子最長壽年九十餘安有仲弓游夏所輯而子曾子且代曾門記其啓手足耶夫孔子之後七十弟子各述所聞以爲教枝派繁多以荀子韓非子所記儒家大宗有顏氏之儒有子思之儒有孟氏之儒有孫氏之儒有仲弓之儒有樂正氏之儒其他澹臺率弟子三百人渡江田子方莊周傳子貢之學商瞿傳易公孫龍傳堅白而儒家尚有宓子景子世碩公孫尼子及難墨子之董無心等皆爲孔門之大宗自顏子爲孔子具體子貢傳孔子性與天道子木傳孔子陰陽子游傳孔子大同子思傳孔子中庸公孫龍傳孔子堅白子張則高才奇偉大戴記將軍文子篇孔子以比顏

子者子弓則荀子以比仲尼者自顏子學說無可考外今以莊子考子貢之學以易說考子木商瞿之學以禮運考子游之學以中庸考子思之學以春秋考孟子之學以正名考公孫龍之學以荀子考子弓之學其精深瓌博窮極人物本末大小精粗無乎不在何其偉也論語既輯自曾門而曾子之學專主守約觀其臨沒鄭重言君子之道而乃僅在顏色容貌辭氣之粗及啓手足之時亦不過戰兢於守身免毀之戒所輯曾子之言凡十八章皆約身篤謹之言與戴記曾子十篇相符合宋葉水心以曾子未嘗聞孔子之大道殆非過也曾子之學術如此則其門弟子之宗旨意識可推矣故於子張學派攻之不遺其爲一家之學說而非孔門之全亦可識矣夫以孔子之道之大孔門高弟之學術之深博如此曾門弟子之宗旨學識狹隘如彼而乃操採擇輯纂之權是猶使僬僥量龍伯之體令鄙人數朝廟之器也其必謬陋粗畧不得其精盡而遺其千萬不待言矣假顏子

子貢子木子張子思輯之吾知其博大精深必不止是也又假仲弓子游子夏輯之吾知其微言大義之亦不止此也佛典有迦葉阿難之多聞總持故精微盡顯而佛學大光然龍樹以前只傳小乘而大乘猶隱蓋朝夕雅言率爲中人以下而發可人人語之故易傳焉若性與天道非常異義則非其人不語故其難傳則諸教一也曾學既爲當時大宗論語只爲曾門後學輯纂但傳守約之緒言少掩聖仁之大道而孔教未宏矣故夫論語之學實曾學也不足以盡孔子之學也蓋當其時六經之口說猶傳論語不過附傳記之末不足大彰孔道也然而孔門之聖師若弟之言論行事藉以考其大略司馬遷撰述仲尼弟子列傳其所据引不能外論語凡人道所以修身待人天下國家之義擇精語詳他傳記無能比焉其流傳自西漢天下世諷之甚久遠多孔子雅言爲六經附庸亦相輔助焉不幸而劉歆纂聖作僞經以奪真經公穀春秋焦京易說既亡而今學遂盡諸家遂

掩滅太平大同陰陽之說皆沒於是孔子之大道掃地盡矣宋賢復出求道推求遺經而大義微言無所得僅獲論語爲孔子言行所在遂以爲孔學之全乃大發明之翼以大學中庸孟子號爲四子書拔在六經之上立于學官日以試士蓋千年來自學子束髮誦讀至於天下推施奉行皆奉論語爲孔教大宗正統以代六經而曾子守約之儒學於是極盛矣聖道不泯天旣誘予小子發明易春秋陰陽靈魂太平大同之說而論語本出今學實多微言所發大同神明之道有極精奥者又於孔子行事甚詳想見肫肫之大仁於人道之則學道之門中正無邪甚周甚備可爲世世之法自六經微絕微而顯典而則無有比者於六道式微之後得此遺書別擇而發明之亦足爲宗守焉其或語上語下因人施教有所爲言之故問孝問仁人人異告深知其意而勿泥其詞是在好學深思者矣曾子垂教於魯其傳當以魯爲宗凡二十篇漢時常山都尉龔奮長信少府夏侯勝丞相

韋賢及子玄成魯扶卿太子太傅夏侯建前將軍蕭望之並傳之各自名家齊論者齊人所傳多問王知道二篇凡二十二篇異於魯論昌邑中尉王吉少府宋畸琅琊王卿御史大夫貢禹尚書令五鹿充宗膠東庸生並傳之惟王吉名家漢藝文志有魯傳二十篇傳十九篇魯夏侯說二十一篇魯安昌侯說二十一篇魯王駿說二十一篇齊說二十九篇說論語者止此而已安昌侯張禹受魯論於夏侯建又從庸生王吉受齊論擇善而從以教成帝最後行於漢世然魯齊之亂自張禹始矣劉歆僞古文論語託稱出孔子壁中又爲傳託之孔安國而馬融傳而注之云多有兩子張篇分堯曰以下子張問政爲從政篇凡二十一篇篇次不與齊魯同桓譚新論謂文異者四百餘字然則篇次文字多異其僞託竄亂當不止此矣自鄭玄以魯齊論與古論合而爲書擇其善者而從之則真僞混淆至今已不可復識於是曾門之真書亦爲劉歆之僞學所亂而孔子之道益雜羼矣

晉何晏並採九家古今雜沓益無取焉有宋朱子後千載而發明之
其爲意至精勤其誦於學官至久遠蓋千年以來實爲曾朱二聖之
範圍焉惜口說既去無所憑藉上蔽於守約之曾學下蔽於雜僞之
劉說於大同神明仁命之微義皆未有發焉昔嘗爲注經戊戌之難
而微矣避地多暇不揣愚昧謬復修之僻陋在夷無從博徵以包周
爲今學多採錄之以存其舊朱子循文衍說無須改作者亦復錄之
鄭玄本有今學其合者亦多節取後儒雅正精確者亦皆採焉其經
文以魯論爲正其引證以今學爲主正僞古之謬發大同之漸其諸
本文字不同折衷于石經其衆石經不同者依漢無則從唐或從多
數雖不敢謂盡得其眞然于孔學之大人道之切亦庶有小補云爾
孔子生二千四百五十三年即光緒二十八年癸卯春三月十七日
康有爲序於哲孟雄國之大吉嶺大吉山館

論語注序終　　門人東莞張伯楨校

論語注卷之一

南海康有爲學

學而第一

釋文及皇邢疏本皆有此題周時用竹簡凡簡若干以章束之爲一篇弟子撰記言行各自成篇不出一人之手此記論語二十篇名第甲乙之次也此篇于次當第一也

凡十六章 漢石經及釋文舊有此題皇邢疏無之趙岐孟子篇敘曰論語四百八十六章較陸氏經典釋文少四章然經典釋文先進篇二十三章依集解宜爲二十四章衛靈篇四十九章漢石經作二十六章蓋所據少異今但依釋文以存集解之舊

○子曰學而時習之不亦說乎有朋自遠方來不亦樂乎人不知而不慍不亦君子乎 白虎通辟雍篇論語曰朋友自遠方來陸氏釋文有作友鄭康成注同門曰朋同志曰友則魯論當作朋友自遠方來文選陸機挽歌友朋自遠方來李善注引此爲証惟後漢婁壽碑有朋自遠與何晏本同或是齊論以同爲今文故不改

馬融曰子孔子也白虎通曰學者覺也文從爻雜物撰德有所爻效包內外兼人己合知行而成其覺者也先覺覺後覺後覺效先覺故人物之異全視所覺知覺之異全視所學但時勢不同則所

學亦異時當亂世則爲亂世學時當升平太平則爲升平太平之學禮時爲大故學亦必隨時而後適孔子爲時聖學之宗師也時亦兼數義日知月無忘則時時爲學循年而進無時過而難成亦是也習鳥數飛也假借爲貫言熟習也說樂之內也凡學至熟習則觀止神行怡然理順逢源自得況聖人之學通天人神明精熟闔闢往來莫不自在安得不欣喜懽愛耶人道賤愚而貴智所以異于物輕野而尙文所以異于蠻此言修己以自得爲先不得寘心坐廢以時爲中不得守舊泥古此爲開宗明義弟一旨故上論一書以時始以時終以明孔子之道全達于時學者不可不察也朋羣也包氏曰同門曰朋鄭氏曰同志曰友自從也樂喜也教學既精羣黨類聚仁智及人信從日遠修學有效人生之樂也惡獨而貴朋所以合乎羣合小羣不如合大羣其學愈高其用愈遠聖人則合億萬世界億萬年載之衆生咸從其教盡爲之朋其朋無

盡其樂亦無盡也此言及人聞風皆歸聖人于已身首言學于人倫首言朋蓋萬理有變而學之與朋貫萬億世而不易者太平世後人人有學人人皆朋只此二義盡之故尤尙之也

慍怨怒也君子人之道德成名者易曰不易乎世不成乎名不見是而无悶樂則行之憂則違之確乎其不可拔斯爲有德之君子也蓋君子之入于人世智仁兼修人已共證拯拔羣生天下歸往然羣生之根性不齊時世之昏濁或甚舉世疑謗固亦有之然君子人貌而天心燕處超然雖現身人羣而不隨于事物遊于物表和于天倪在衆如無衆在身如無身故無所慍也聖人之于羣生如慈母之撫嬰兒無論笑啼但有愛憐全無慍怒爭席則喜遇難而安故無量出入絕無窒礙也此極言聖者自得之至無人已之見存也

○有子曰其爲人也孝弟而好犯上者鮮矣不好犯上而好作亂者

未之有也君子務本本立而道生孝弟也者其爲仁之本與說苑後漢書延篤傳引作孔子曰弟高麗本皇本作悌孝從老省從子子承事父母之謂弟韋東之次弟假以承事兄立愛自親始立敬自長始父齒隨行兄齒雁行朋友不相踰習成恭讓然後出以事君事長使衆小之則和順積躬大之則悲憫萬物必不侵犯人人自由之疆界而況于長上乎長上壓制太過或不得已而求伸謹厚者亦爲之然猶非所好也況于稱兵以亂天下乎蓋作亂者爲最不仁之事非孝弟無以絕其源也務趣也本木根也包氏曰能事父兄然後仁道可大成董仲舒曰仁者不爭無傷惡之心無隱忌之志無嫉妒之氣無感愁之欲無險詖之事無僻違之行心舒則志平氣和則欲節聖人治其道而以出法治其志而歸之于仁仁之美者在于天天仁也天覆育萬物既化而生之又養而成之人之受命于天也取仁于天而仁也尸子曰孔子

本仁孟子述孔子曰道二仁與不仁老子以天地聖人爲不仁孔子以天人爲仁故孔子立教一切皆以仁爲本山川草木昆蟲鳥獸莫不一統太平之世遠近大小若一大同之世不獨親其親子其子老有終壯有用幼有長鰥寡孤獨廢疾皆有養仁之至也然天地者生之本父母者類之本自生之本言之則乾父坤母衆生同胞故孔子以仁體之自類之本言之則父母生養兄弟同氣故孔子以孝弟事之此章爲撥亂世立義孔子立教在仁而行之先起孝弟有子立教之意以孔子生非平世躬遭據亂人道積惡自人獸並爭之世久種亂殺之機無論何生觸處迸發加逢亂世險詖詐謀百出機械亂種既深何能遽致太平大同自由之域孔子因時施藥必先導之于和順而後可殺其險機又必先自其至親誘其不忍之心然後可推恩同類以動其胞與之愛故撥亂之法先求小康而後徐導大同孝弟者先導其一家之小康而徐推于

天下之太平此蓋治教必然之次序也

有子孔子弟子名若少孔子四十三歲孔子沒後子夏子游子張之賢皆師之蓋爲孔子傳道之大宗子自顏子外得孔子之具體最似孔子者也當時惟曾子不從故別爲一宗荀子非十二子篇以子思孟子案飾其言以爲仲尼子游爲茲厚于世則子思孟子爲子游後學而子游嘗事有子故有子實盡聞孔子之大道者論語于七十子皆字之惟于有子曾子稱子蓋孔門之後儒雖分八而本始實分二宗譬之禪家有子廣大如慧能曾子謹嚴若神秀也惜有子早沒故所傳不及曾子之廣後儒列十哲擠有子于末而以子思孟子出于曾子實沿王肅僞家語之謬不足據也

孔子志在春秋以成其體天之仁行在孝經以成其錫類之孝故以春秋之仁爲經天下之大經孝經之孝爲立天下之大本也然觀孝經言事親者甚少而言待天下人甚多蓋孝子不匱永錫爾

類必錫類乃爲大孝故堯舜仁覆天下而孟子稱之曰堯舜之道孝弟而已誠以孝弟爲行仁之本立愛自親始本原既定推以愛民物通天人而大道自生也蓋爲行仁先後之序焉孔子之道好生惡殺故乾曰大生坤曰廣生天地之大德曰生而爭殺作亂乃亂世最不仁之事聖人所最恐而憂之者也孔子好仁而惡不仁欲胥天下而致于太平之世而亂種流傳不能遽致故發孝弟之道以絶爭亂之源而爲仁愛之本積重既久保合太和然後大同之道乃可行也

○子曰巧言令色鮮矣仁

包咸曰巧言好其言語令色善其顏色皆欲令人說之少能有仁也逸周書官人篇巧言令色皆以無爲有者也人多惑之以爲慈仁孔子特明其非也蓋人之生直故貴尊其德性質直好義自由自立若以巧詐欺人則天良斵喪其生則性德式微其死則魂靈

澌滅同時處人羣則大害後世傳人種則更傷其過若小而播惡無窮孔子欲行仁道則不得不惡害仁種之人蓋亂殺之害顯在人世人易知之巧詐之害徵在心術人所難知而其爲害于人世人種則一也此皆亂世之俗而爲官人尤甚誤信惑之不爲反噬亦爲所累孔子生當其時故先惡之若太平世則自無此矣

○曾子曰吾日三省吾身爲人謀而不忠乎與朋友交而不信乎專不習乎鄭曰魯論傳爲專

吾我自稱也一晝一夜曰日省察也朱氏曰曾子孔子弟子名參字子輿盡己之謂忠以實之謂信廣雅釋詁專業也呂氏春秋曰所專之業不習則隳是也蓋忠信以立德專學以成才戒浮華去泛騖專門之學不敢不習也皆對人而立其誠也何休曰忠信所以進德所以遠于巧言令色矣傳六經之微言大義也習溫習也何休不從古文而亦解作傳或齊論作傳專當爲傳之省文臧氏

庸引陸氏釋文條例以爲假借是也前惡巧令此貴忠信皆撥亂世而反之正以救人種之陷溺也

第一章言學以合羣然合羣之道必在仁而久積爭殺不能達仁則當明孝弟以先之孝弟者人羣之本也久積作僞不能致仁則當主忠信以變之忠信者人心之本也此孔子之道而有子曾子傳之論語特以孝弟忠信繼學與仁此其開宗明義者也忠信者誠也人道之有忠信如穀之有種如水之有源苟無忠信之心如剪采爲花非不美觀究無眞采如堰水爲陂非不汪洋應時枯竭故一切治教皆以忠信爲基有忠信乃有治教無忠信則治教立亡矣一人忠信之至則可感天人貫金石雖大同之世亦不過講信修睦人人忠信而已故人道始于忠信亦終于忠信

孔子立教弟子後學傳之論語爲後學傳孔子之教者故修學及朋之後明傳之義立教雖爲公理然人能弘道非道弘人教能傳

習則廣教不傳習則微故曾子首以忠信爲本體卽以傳教爲日用日日省之能傳教否此曾子所以能爲傳教之大宗而後學所當師法也曾子所生爲魯人近聖人之居久染大教其壽九十言論最多發明最久弟子最衆故與有子分峙而尤爲孔門最大之宗派曾子十篇尙散見于大戴禮中其學以修身守約爲宗旨與論語各章意義皆同葉水心謂曾子沒時亦以動容貌正顏色出辭氣啟手足爲自省蓋終身力行守約而未聞孔子大道未免太過然于孔子至仁太平之大道不甚發明其與有子開口言仁者大小迥殊矣蓋有子爲大乘曾子爲小乘後學以曾子爲大宗而尊信遵守之于是孔子之大道不光未必不因此蓋顏子有子不壽而孔道遂隘而幾失其宗此天下之大不幸也

○子曰道千乘之國敬事而信節用而愛人使民以時

包咸曰道治也千乘之國者百里之國也古者井田方里爲井十

井出一乘百里之國適千乘也爲國者舉事必敬慎與民必誠信
節用不奢侈國以民爲本故愛養之作事使民必以其時不妨奪
農務包說是也馬融以爲井十爲通通十爲成成出革車千乘是
地方三百一十六里此依劉歆僞周禮與今文詩公車千乘王制
孟子公侯百里制相反此僞說也敬警也敬信言其體節愛言其
用易曰節以制度不傷財不害民有豫算之謂非儉嗇以失國體
也此爲撥亂世發也亂世道路未通分國萬千如今土司然君長
驕侈詐欺奴隸其民而虐使之雖以文王之築臺沼猶使其民蓋
時世使然今土司一切征役其民猶然也故春秋于築臺築城皆
譏之至非時用兵尤所惡讀杜甫詩爺娘妻子走相送哭聲直上
干雲霄及三吏三别諸詩可見不敬事而妄使民之禍至唐世尚
如此故孔子貴卑宫而惡雕牆尙節儉而惡奢侈誠惡不愛人而
妄使民也君長奢侈多一日之征役則民失一日之農時況于朝

令夕改民無所信征役相仍土木不息則民之農時盡失父母妻子凍餒所關至大矣故重戒之以敬信節用而諄複之以愛人使時又立爲法使民不過三日皆撥亂不得已之意未能太平僅求小康之義爲當時藥也自王安石行雇役法無復使民則此言爲舊方矣然各國仍有使民者聖人之爲醫甚遠各因其病而服其藥可也若夫敬事信民節用愛人則凡執政者所當服膺而無分于天下一國平世亂世者矣

千乘之國蓋古者以農兵立國之法若平世則團體日大無復此國然平世之大農大工大商其一廠一場占地數十里用人數萬世愈大同則各業皆爲大公司其廠場之地愈大用人愈多各成古國之小團體各自爲治其執事業既多人民既衆度支既廣興作有時治之之法亦與古千乘之國無異興作必當謹慎號令必當誠信度支必定豫算同夥必當親愛興作必當限時刻無違其

食息而致其貧病則無論何世皆能行之善乎程子謂聖人此言雖淺然通乎上下也故孔子之言圓通無礙如大華嚴學者無泥守之而觸類引伸之孔子不云乎舉一隅不以三隅反則不復也泥一隅者是孔子所不教者矣

○子曰弟子入則孝出則弟謹而信汎愛衆而親仁行有餘力則以學文 汎左傳引作氾

謹者行之有格也信者言出至誠也汎博也衆謂衆人親近也仁謂仁者餘力猶言暇日以用也文道藝也凡一切學術著之文字者尹焞曰德行本也文藝末也窮其本末知所先後可以入德矣朱子謂力行而不學文則無以考聖賢之成法識事理之當然而所行或非愚按此孔子呼弟子而教之蓋孔子之門人皆已成人在二十敦行孝弟親師取友博學不教之時不爲童子言也若童年則自六歲學書十歲就傅十五入大學專力學文不與衆接亦

不責以成人之禮惟二十之後責以成人之禮入事父兄出取師友接人任事皆有責任不能責肆力于學文矣然少有暇日必當爲學以益智養魂蓋學者終身爲之不能以事物間者始有知識接物之時要在熏陶德性與接爲搆視其所染習善則善習惡則惡故以親近仁者爲歸而乾元資始萬物同體民皆同胞只有愛矜絶無嫉惡蓋以孝弟發其行仁之始以汎愛衆極其行仁之終以謹信肅其行仁之規以親仁熏其爲仁之習而後學文以廣其智益雖仁智雙修而始終于仁但以智輔仁所以養成人之德也蓋文國重英年垂教望後生故鄭重于治國之後然聖人雖爲弟子告而婦女亦可行若語汎愛親仁則雖童幼者耋豈有異哉

○子夏曰賢賢易色事父母能竭其力事君能致其身與朋友交言而有信雖曰未學吾必謂之學矣

子夏孔子弟子姓卜名商少孔子四十四歲爲魏文侯師壽百餘

歲講學西河人疑于孔子故荀子謂有子夏氏之儒蓋在有子曾子之外爲孔門之大宗矣竭貿舉也致送詣也此爲撥亂世明人倫而發人道始于夫婦夫婦牉合之久所貴在德以賢爲賢言擇配之始當以好德易其好色蓋色衰則愛弛而夫婦道苦惟好德乃可久合關雎憂在進賢不淫其色哀窈窕思賢才是也父母鞠育顧復其恩罔極大德宜報當用勞竭力也事君就職不得私愛其身故食焉不避其難也交友約言必信久要不忘凡此四倫人所同具凡此四行亦非絶高視夫刑于寡妻永錫爾類格君之非秉德善良者硜硜篤守拘執小節雖曰未學可矣蓋學者窮物理之所以然審時世所當然變化無端惟義所在誠非拘執一節者所能議也然生當亂世不爲惡俗所染皎然不欺其志雖出于美質篤行而學者實亦不過如是也

○子曰君子不重則不威學則不固主忠信毋友不如已者過則勿

憚改無宋刊九經本作毋儀禮公食大夫禮鄭注古文毋皆作無故知魯論今文作毋今從之

重敦厚也威威嚴固陋也言重則有法行重則有德貌重則有威好重則有觀若輕佻不厚重則無威儀空疏不學則固陋也一切虛僞無源之水無根之木必不能久故不誠無物無論行業學者必以是爲主焉奉忠信爲君主而後百義從之斯斷不爲小人之歸矣人視所習莫嚴于師莫親于友其居游皆勝己者不期益而益矣其居游皆不如己者不期損而損矣故夾輔之人當須勝己周公曰不如我者吾不與處損我者也與吾等者吾不與處無益我也勿禁止辭憚忌難也人道進德全在改良愈改愈進亦復有過改之無已則進而愈上若憚于改則安于其失非止永無進益甚且積爲罪惡習爲固然至惡積而不可解也故君子小人之上達下達專視憚改過與否耳游氏曰君子之道以威重爲質而學以成之學之道必以忠信爲主而以勝己者輔之然或吝於改過

則終無以入德而賢者亦未必樂告以善道故以過勿憚改終焉

○曾子曰愼終追遠民德歸厚矣

愼終者喪禮也追遠者祭禮也死者人之所患遠者人之所忘孔子上因先聖制喪禮則凡招魂藏魄之事必誠敬而勿使有悔制祭禮則凡出祖祧廟之遠必追享而使人勿忘記曰之生而致死之不仁而不可爲也之死而致生之不智而不可爲也聖人于鬼神死生之故知之既深矣然鳥獸失羣猶有啁啾之頃何況至文明之人而置之故不欺死者之無知不忘祖宗之已遠事死如生事亡如存厚之至也所以教民者深矣故民從其德念祖思親雖違萬里猶念祠墓不忘宗國中國人種族之盛于萬國殊于大地蓋孔子立教爲之也今民之不散其已然之效矣

○子禽問於子贛曰夫子至於是邦也必聞其政求之與意予之與子贛曰夫子温良恭儉讓以得之夫子之求之也其諸異乎人之求

之與漢石經論語貢皆作贛抑作意與作予說文貢獻功也贛賜也子贛名賜當作贛不當作貢詩抑此皇父鄭讀作意

子禽姓陳名亢齊陳氏卽史記弟子傳之原亢漢書分爲三人誤矣子贛姓端木名賜少孔子三十一歲皆孔子弟子温和也良易也恭肅也儉節也讓謙也皆禮教也興于詩立于禮成于樂言夫子未嘗求之但覩其德容尊行人親附之則告語之蓋時君尊禮自以其政問之非若他人必求而後得也其諸蓋齊魯語公羊其諸君子樂道堯舜之道與人才有界後世高才鉅學亦多預聞政事况聖人出于人間復出倫類如泰山之于丘垤河海之于行潦所至如覩異人觀佛所至各國迎拜可知矣孔子過化存神旣非人所能測而其禮樂文章之盛徒屬之才春秋處士實無其比所至公卿聞而震驚就而咨問乃其好德之良固然而未有援之以政者則根器太下私欲害之然卽此言之聖人之德盛禮恭尚可想像焉謝氏良佐曰學者觀于聖人威儀之間亦可以進德矣若

子贛亦可謂善觀聖人善言德行矣今去聖人二千五百年以此五者想見其形容尚能使人興起而況于親炙者乎

○子曰父在觀其志父沒觀其行三年無改於父之道可謂孝矣

在存也觀諦視也在心爲志發事爲行此爲觀人于家而言之父在子不得專故觀志父死子述其業故觀行然雖父没在喪三年哀慕猶若父在不忍改父之事者蓋孝子之心矣至于喪畢人之業有權限而志可自由雖父之尊親過則改之無能掩抑之者也京房易傳幹父之蠱有子考无咎子三年不改父道思慕不皇亦重見先人之非師丹曰古者諒闇三年不言聽于冢宰三年無改于父之道就居喪蓋三年中尚稱子也尹氏曰如其道雖終身無改可也如其非道何待三年然則三年無改者孝子之心不忍故也游氏曰三年無改亦謂在所當改而可以未改者耳

○有子曰禮之用和爲貴先王之道斯爲美小大由之有所不行知

和而和不以禮節之亦不行也何晏集解作不可行漢石經無可字今從之

禮者天理之節文人事之儀則也用施行也和調也蓋禮之爲體雖嚴然皆出于人情之自然故其爲用必剛柔相調而不乖乃免禮勝則離而可貴先王之道此其所以爲美而小事大事無不由之也如此而復有所不行者以其徒知和之爲貴而一于和不復以禮節之則流蕩忘返而亦不能行也愚謂嚴而泰和而節此理之自然禮之全體也毫釐有差則失其中正而各倚于一偏其不行均矣禮勝則離必和之以樂樂勝則流必節之以禮蓋禮以嚴爲體而以和爲用樂以和爲體而以嚴爲用二者皆不可偏庶幾欣喜懽愛中正無邪也禮者爲異樂者爲同禮爲合敬樂爲合愛禮爲別宜樂爲敦和禮爲無爭樂爲無怨禮爲天地之序故羣物皆別樂爲天地之和故百物皆化故禮樂竝制而小康之世尚禮大同之世尚樂但人道以樂爲歸聖人創制皆以樂人而已惟生

當據亂不能不別宜以去爭然制禮似嚴實貴和樂故無小無大皆樂由之但物理循環樂極則哀故和而不流禮當大同但有合愛仍不能不有節也有子爲子游之師當傳大同之道此章詞雖含蓄而專明親愛樂人大同之旨已揭矣

○有子曰信近於義言可復也恭近於禮遠恥辱也因不失其親亦可宗也

信約也義宜也復覆返也恭致敬也因依也宗主也言約信而合其宜言乃可返踐矣致恭而中其節然後恥辱可遠所依者不失其可親之人乃可奉爲宗主此言人之言行交際皆當謹之于始而慮其所終立約致敬雖不能盡合于禮義而必當近之交親服事當考其心術行義不然則因仍苟且之間將有不勝其悔者蓋妄約則然諾難踐太恭則屈節辱身若抱柱待水而死拜虜庭而囚是矣故大人比義行權而不必信守禮則抗節而愈益榮所依

之人當擇其行義可親者否則誤從匪人將終身爲所責也

○子曰君子食無求飽居無求安敏於事而慎於言就有道而正焉可謂好學已矣何晏集解作也已皇本作也已矣漢石經作已矣石經當是今文今從之後倣此

居爲尻假借得几而安也敏疾也有道謂有道術正謂問其是非不求安飽者志有在而不暇及也敏于事者勉其所不足慎于言者不敢盡其所有餘也然猶不敢自是而必就有道之人以正其是非則可謂好學矣尹氏曰君子之學能是四者可謂篤志力行者矣然不取正于有道未免有差如楊墨學仁義而差者也其流至于無父無君謂之好學可乎不求安飽者蓋別有神明之樂則不暇爲體魄之營安飽固養形所當有事但不可專務求之則喪志也事者難成故必時敏而後有功言者易盡故必慎出而後寡過大道多歧行義易偏自是冥行愈去愈遠當問以辨之必得有道德之士正定其是非乃不致誤也儒行曰博學以知服

○子贛曰貧而無諂富而無驕何如子曰可也未若貧而樂道富而好禮者也子贛曰詩云如切如磋如琢如磨其斯之謂與子曰賜也始可與言詩已矣告諸往而知來者皇本子贛下有問字集解本無集解本作貧而樂無道字惟皇本高麗本日本足利本史記弟子列傳孔安國注皆作貧而樂道唐石經亦有道字但旁注漢書王莽傳與鄭注引無道字蓋古文也劉氏寶楠不知漢書爲劉歆僞撰以爲今文誤也今不從

諂佞諛也卑媚之容馬六尺曰驕喻高倨之態此人處貧富所不能免者若不以貧屈于人不以富加于人完人道自立之界而不侵犯人界子贛不欲人加亦不加人蓋倡自由平等之學又先貧後富曾用力焉此固孔子所許可者惟以貧賤驕人富貴下士雖迥出尋常然心跡未能忘富貴也夫神明之自得固有出夫貧富之外者若貧而樂道研精術學玩心造化則忘懷于貧富而好禮者施以行德安以處善若不與其富處世間而不礙世境子贛地位甚高故孔子以此進之亦天道也詩衛風淇澳之篇切封也琢

治也磋平滑之磨釋文作摩礱也爾雅骨謂之切象謂之磋玉謂之琢石謂之磨治之已精而益求其精以成寶器大學如切如磋道學也如琢如磨自修也蓋詩文古訓已語終辭子贛自以無諂無驕爲至矣聞夫子之言又知義理之無窮自修之無盡故驟悟引詩往者已發之藴來者無盡之藏孔子作經皆寓微言如華嚴之藏滴水可現大海故一端之旨類推引伸六通四闢而不可窮如春秋之三世易之卦變横亘六合而不可盡既然矣若詩尤善爲喻者其觸譬無窮不止四始五際之密寓微旨也孔子固云舉一隅不以三隅反則不復子贛善悟孔子許以言詩然則後世之泥一二訓詁文字以求詩者必不足與言詩矣泥一二文字經典以求孔子者必不足與知孔子矣

○子曰不患人之不已知患已不知人也患不知人集解無已字皇本高麗本足利本皆有已字釋文患不知也本或作患已不知人也今從之

患憂也尹氏曰君子求在我者故不患人之不己知不知人則是非邪正或不能辨故以爲患也人不能離人而獨立無論居游營業皆與人接搆若不知人之是非邪正而誤于交託則動而必敗大之喪國次之亡身小之亦失業敗名故人倫之鑒不明實人道切身之患也故君子自立在己而藻鑑在人雖知人未易堯舜猶難然愈難愈當講求其術也若夫懷才抱德如川藴珠如山藏玉有車必見其軾有衣必見其服何患不知乃人日求人知而不求知人何顛倒其用也

門人高要陳煥章初校
門人番禺王覺任覆校
門人東莞張伯楨覆校

論語注卷之一終

論語注卷之二

南海康有爲學

爲政第二

凡二十四章

○子曰爲政以德譬如北辰居其所而衆星拱之鄭玄本作拱蔡邕明堂月令論引亦作拱呂氏始覽引作拱趙岐孟子注皆作拱則今文當作拱而共爲古文今不從

德元也爲至極北辰北極也所不動處史記天官書中宮太極星其一明者太一常居也呂覽極星與天俱游而天樞不移說苑璿璣謂北辰句陳樞星漢書天文志北極第五紐星爲天之樞梁祖暅之測不動處在紐星末一度餘沈括元郭守敬測極星離不動處三度言北辰居不動之所而衆星環旋共拱向之包氏曰德者無爲猶北辰之不移而衆星拱之蓋地生于日而拱日日與諸恒星凡一切星雲星團星氣皆拱北極而環之是爲一天此天之外

又有諸天無量數天而拱一元易曰大哉乾元乃統天是也以元統天則萬物資始品物流形以元德爲政則保合太和各正性命所謂乾元用九見羣龍無首而天下治行太平大同之政人人在宥萬物熙熙自立自由各自正其性命羣龍共成之而潛龍可勿用故不待如衆星日行而北極可不動也德無爲也升平世則行立憲之政太平世則行共和之政天下爲公尊賢使能講信修睦人不獨親其親子其子老有終壯有用幼有長貨惡棄地不必藏于己力惡不出不必爲己人人共之以成大同故端拱而致太平如北極不動而衆星共繞而自團行也無他惟天下爲公故無爲而治也霸主專制爲治雖衡書擔石嚴刑重罰智取術馭威壓强制百出其道職事愈繁亂機愈伏無他惟自私天下故欲治無成也包咸爲今文家說無爲而治者舜也此蓋孔門密藏微言後學宜知玩索焉

○子曰詩三百一言以蔽之曰思無邪

詩三百五篇舉大數也史記三百五篇孔子皆絃歌之以求合韶武雅頌之音漢王吉曰以三百五篇作諫書是也或言三百十一篇者以毛詩引南陔白華華黍由庚崇邱由儀六篇不知笙詩有聲無詞安得有篇此劉歆僞毛之謬不足據也思無邪魯頌駉篇之辭思容也言心有所念能容之也反正爲邪凡詩之言善者可以感發人之善心惡者可以懲創人之逸志其用歸于使人得其情性之正而已然其言微婉或各因一事而發求其直指全體未有若此之明且盡者凡詩之詞皆入樂章者所以和同合愛故論倫無患欣喜懽愛然發乎人情止乎禮義則又中正無邪故詠歎淫泆發揚蹈厲使耳目鼻口心知百體皆由順正卽其風喻無所不有然必旁行而不流故詩義無窮然執要守約以一言貫之則思無邪盡之蓋歌謠之事起于初民而尤盛于太平乃人情之至

風俗之原惟使之情深而文明氣盛而化神淘汰其逸邪而揚詡其神思則繼三百篇而作可也

○子曰道之以政齊之以刑民免而無恥道之以德齊之以禮有恥且格漢祝睦碑導濟以禮皇本兩道字並作導釋文道作導惟漢石經作道今不改祝睦碑有恥且恪費汎碑有恥且洛釋文格字或作絡字當是魯齊之異

導引也政謂法制禁令也齊正也禮謂經禮曲禮免而無恥謂苟免刑罰而無恥心雖不敢爲惡而爲惡根未忘也包氏曰德謂道德格去非心也漢書貨殖傳道之以德齊之以禮故民有恥而且敬緇衣夫民道之以德齊之以禮則民有格心何晏曰格正也民種未良民德未公待法律刑罰以治之民雖畏法而求免罰然險詖機詐之心未除卽作弊于法律之內故政刑者升平小康之治也養其善性和以文明使民種民俗皆至仁良日遷善而不知忠直公溥之風已定自不屑爲奸慝之事故德禮者太平大同之治

也孔子生亂世雖不得已爲小康之法而精神所注常在大同故拳拳于德禮以寓微旨而于德尤注意蓋民種自無始來爭殺機詐之根已深無論如何政教只稍加滌濯不能掃除非以無量大德改易其種無能治太平之世也必使無訟大畏民志無爲而治蕩蕩難名此乃聖人之意歟

○子曰吾十有五而志乎學卅而立卅而不惑五十而知天命六十而耳順七十而從心所欲不踰矩漢石經高麗本于作乎今從之三十四十漢石經作卅卌柳子厚引七十而縱心則以心斷句而以所欲不踰矩爲另句

心之所之謂之志學即孔子神明聖王之學後此以立教天下者但立教成于晚暮而定志則在十五蓋神靈之生有自來故性識早定于童幼如旭日初出已自皎然大明其後之進不過升至中天濛氣漸解而光燿更照耳雖有增益非如常人之性識如聚薪而然之也立者大力凝固鑄錬如鐵而不搖不惑者大明終始燭

照如日而不眩書天其命哲命吉凶命歷年蓋人受生于天有哲命有祿命知天命者窮理盡性以至于命凡天人陰陽鬼神幽明死生之故通微合漠闡幽洞冥諸天無窮知亦無窮也耳順者神氣風霆聞聲皆徹通于人天也耳順之文甚異孔子神人誠非淺儒所能測佛之三明五勝所謂天耳通者當同之耶後人風角鳥占猶極靈驗此亦耳通之類況孔子之神耶從心所欲不踰矩者義理血氣湊泊渾融官止神行聲律身度而神明變化旁行不流也孔子自言進學自得之序蓋其遜詞以勉學者然聖功之次第與聖學之精深亦可窺一班矣

○孟懿子問孝子曰毋違樊遲御子告之曰孟孫問孝於我我對曰毋違樊遲曰何謂也子曰生事之以禮死葬之以禮祭之以禮漢石經作毋違論衡問孔篇亦作毋違士昏禮鄭注古文毋作無則毋今文也今從之

孟懿子魯大夫仲孫氏名何忌違戾也毋違謂不背于理樊遲孔

子弟子名須御爲孔子御車孟孫稱公孫省文葬從死在辨中夫子以懿子未達而不能問恐誤以從親之令爲孝故語樊遲以發之生事葬祭事親之始終具人道畢矣禮天理之節文人事之儀則也父母但傳體魄未必皆賢故生則幾諫死則幹蠱孝經特發從父令未得爲孝之義故事親始終只能從禮故大孝在諭義亂命不可從而父道可以改蓋人道只以公理爲歸雖父母之尊親不能違公理而亂從之也

○孟武伯問孝子曰父母唯其疾之憂

武伯懿子之子仲孫彘武謚也伯長也憂愁也唯與惟同獨也王充論衡高誘皆以人子憂父母之疾爲孝孝經孝子之事親也病則致其憂曲禮父母有疾冠者不櫛行不翔言不惰琴瑟不御食肉不至變味飲酒不至變貌笑不至矧怒不至詈疾止復故馬融以父母憂子之疾是古文家異說今不從

○子游問孝子曰今之孝者是謂能養至於犬馬皆能有養不敬何以別乎 漢石經無乎字惟是否有缺不可考今闕疑

子游孔子弟子姓言名偃是祗也養供奉也包氏曰犬以守禦馬以代勞皆養人者馬周疏少失父母犬馬之養已無所施束晳補亡詩曰養隆敬薄惟禽之似是也然孟子謂愛而不敬獸畜之坊記小人皆能養其親君子不敬何以辨言小人亦能盡力養親惟狎恩恃愛而敬不至則與養犬馬者何異孔子恐人知愛親而不知敬親故因子游發之其詞意警切矣古注說兩存之

○子夏問孝子曰色難有事弟子服其勞有酒食先生饌曾是以爲孝乎 饌釋文鄭作餕特牲饋食禮有司徹鄭注並云古文篹皆作餕段氏玉裁謂禮記餕字于禮經皆今文則餕是今文也今闕疑不改

包咸曰色難者謂承順父母色乃爲難服事也先生父兄也盍服勞奉養人子之所宜然而不足爲難惟隱候顏色先意承志乃能

深得懽心祭義養可能也敬爲難敬可能也安爲難鹽鐵論上孝養志其次養色曲禮視于無形聽于無聲是也鄭氏言和顏悅色爲難祭法孝子之有深愛者必有和氣有和氣者必有愉色有愉色者必有婉容又云嚴威儼恪非事親之道亦是也以上四章問孝雖同而答之各異聖人施教如大醫施藥病既各異藥亦不同言各有爲凡讀聖人之言必當會此不然則由求異其進退異其仕隱爲不可解矣若泥單詞片義則豈爲善學者哉

○子曰吾與回言終日不違如愚退而省其私亦足以發回也不愚皇本愚下有也字

回孔子弟子姓顏字子淵違難也不違者意喻心通有聽受而無問難也私謂退息居學之燕處非進見請問之時發謂發明所言之理顏子具體而微實與孔子合德孔子與言性與天道非常異義常人驟聞而必驚者顏子亦直受而不疑既已合契同符復何

容審問明辨相視莫逆故不違也以其神會意喻懃然似非人故曰如愚也蓋神聖共處天人同貫雖復至言偉論視作尋常然以聞一知十膂知之才得一端而博貫之觸其類而引伸之當同人講習之時發明師說辨才無礙益大光明矣孔子蓋新得顏子而心喜傳道有人故爲反覆之詞乃其贊歎之至也

○子曰視其所以觀其所由察其所安人焉廋哉人焉廋哉（集解下廋句有哉字漢石經無哉字與禮乎禮微乎微同然或缺脫今不改說文無廋字蓋古文學）

視瞻也以爲也爲善者爲君子爲惡者爲小人常視曰視非常曰觀由從也事雖爲善而意之所從來者有未善焉則亦不得爲君子矣察覆審也安所樂也所由雖善而心之所樂者不在于是則亦僞耳豈能久而不變哉焉安也廋隱匿也重言以深明之聖人最重知人故發觀人之法蓋考事行不如考心術考心術不如觀嗜好察其事由窺其意趣然後人之表裏顯微肺肝如見矣文王

官人篇作考其所爲視其所由察其所安此之謂視中也

○子曰温故而知新可以爲師矣

凡立教爲師者學當無窮温尋繹也故古也王充曰知古不知今謂之陸沉知今不知古謂之盲瞽故凡大地數千萬年前之陳跡必盡尋求之然後可應世間數千萬年後之新理必日知之然後可啟來者且細加尋繹故中卽有新機聞知既多新卽可証故物新故互証其教乃當而不謬變而益通孔子蓋恐傳教之人能守道者則守舊太拘而不知時變新理以盡前民知變通者又好新太過而勇于掃故義而不知保全舊粹若是者以爲治不能爲長若傳教不能爲師然爲治者尙多能審時至爲師者鮮能適變故孔子美其温故之已能而戒其知新之不足其瞻言遠矣惜後儒違失聖義知温故而不知知新至使大教不昌大地不被其澤此則後師之責也

○子曰君子不器

器皿也包咸曰器者各周其用至于君子無所不施莊子謂諸子各明一義如耳目鼻口不能相通是也若孔子則本末精粗六通四闢其運無乎不在蕩蕩則天而不能名混混合元而不可測也故學者之始患不成一才以爲器成德之終貴博學多能而不器送行者自涯而返則自此遠矣

○子贛問君子子曰先行其言而後從之貢漢石經作贛

先行在于未言之前言在既行之後凡人非言之艱而行之難

○子曰君子周而不比小人比而不周

朱子曰周親密也比阿曲也皆與人黨合之義但以義合爲周以利合爲私朱子曰君子小人所爲不同如陰陽晝夜每每相反然究其所以分則在公私之際毫釐之差耳故聖人于周比和同驕泰之屬常對舉而互言之欲學者察乎兩間而審其取舍之幾也

○子曰學而不思則罔思而不學則殆

包咸曰學不尋思其義則罔然無所得何晏曰不學而思終卒不得徒使人精神疲殆愚嘗見好學而不好深思之人誦据甚博而不求事理所以然故絕無心得卒無所成故程子曰能窮所以然是第一等學人故貴深思之士然徒思而不學則冥心力索至陽明格竹而三日汗下傳子淵默坐而晚歲顛狂吾弟子三水潘藻鑑高志力學其後閉門冥坐專力苦思至病狂而卒蓋追索過甚靈性迸走故至殆也孔子此義精深周徧蓋學問思辨固不可缺一而偏廢者也

○子曰攻乎異端斯害也已

攻治也故治木石金玉之工曰攻端本也首也漢賢良策問一端異焉韓詩外傳序異端使不相悖袁紹之客競設異端中庸執其兩端用其中于民言執業講德不可有惑也或曰異端者非六藝

之科聖人之道而別爲一端猶外道也漢范升以左氏爲反異引此說從其道將爲大害若秦以從韓非之老學而亡晉以清談老莊而覆邦梁武帝以好佛而餓死是也若學者而從異端外道若陳相之從許行迷罔失歸害滋大矣孫奕曰攻如攻人惡之攻已止也謂攻其異端使吾道明則異端之害人者自止如孟子闢楊墨而楊墨之害止是也義亦通

○子曰由誨女知之乎知之爲知之不知爲不知是知也（女皇本作汝）

由孔子弟子姓仲字子路夫子語以爲知之道實知之乎是爲知不必遜爲不知也實不知乎則爲不知不可强爲知也天下之物理無盡生有涯而知無涯人之所知不及其所不知故堯舜之智不能徧物但當擇要而先之是卽爲有知之人惟學而後知不足若常人爲學多强不知以爲知自通人觀之適見其無知而已

○子張學干祿子曰多聞闕疑愼言其餘則寡尤多見闕殆愼行其

餘則寡悔言寡尤行寡悔祿在其中矣

子張孔子弟子姓顓孫名師干求也祿仕者之俸也包咸曰尤過也疑則闕之其餘不疑猶慎言之則少過殆危也所見危者闕而不行則少悔朱子謂多聞見者學之博闕疑殆者擇之精慎言行者守之約凡言在其中者皆不求而自至之辭蓋當官臨政民命所關非講通掌故而熟知其得失考觀物理而深得其變通親歷時地以審其適宜久閱人事而悉其情僞其尤悔多矣然反覆求之而未能深信展轉試之而未能得安者尙不敢冒昧而言之行之必如此而後推施得當外寡有失而內亦少悔矣夫以爲政之難言一事而過說疊生行一事而悔恨紛起此固學者所自知者若無尤無悔大賢所難學者至舉措寡尤中心少悔之時亦可以從政矣卽不能立卽爲政而才望既崇徵辟必至也此勉人急于修學無急于求仕之意學者寡過固未易至施之事爲動合機宜

絕無中悔者尤難箸書講學之說尙有悔而改定之時爲政如發機然機一誤發國事民命繫之悔何可追此亦求仕者所讀而汗下者也

○哀公問曰何爲則民服孔子對曰舉直錯諸枉則民服舉枉錯諸直則民不服 錯鄭本作措包氏從錯則措乃古文

哀公魯君名蔣定公之子周敬王二十六年卽位稱孔子對曰者尊君也包咸曰錯置也舉正直之人用之廢置邪枉之人則民服其上謝氏曰好直而惡枉天下之至情也順之則服逆之則去必然之理也然或無道以照之則以直爲枉以枉爲直者多矣是以君子大居敬而貴窮理也夫國者合民而爲之國固民之國也民服則民心固結而國立民不服則人心散亂而國危哀公猶知問民服蓋得于孔子重民之義多故也然人君無智愚賢不肖莫不欲求忠以自衞舉賢以自佐而所謂忠者不忠賢者不賢人人知

盧杞之奸而唐德宗不覺人人知司馬光之直而神宗不知以空言令其居敬窮理亦何補實事且以堯而舉驩兜知人唯難故欲民服者莫若令民自舉錯之堯之師錫孟子之國人皆曰是也故如何乃能舉直錯枉惜哀公不能再問以發孔子之至論也

○季康子問使民敬忠以勸如之何子曰臨之以莊則敬孝慈則忠舉善而教不能則勸

季康子魯大夫季孫氏桓子之子名肥莊謂容貌端嚴也包咸曰莊嚴也君臨民以嚴則民敬其上君能上孝于親下慈于民則民忠矣舉用善人而教不能者則民勸勉蓋游戲無度則下慢之仁惠無聞則下欺之賢才不舉學校不修則修學力行者無所用則民氣不昌皆偷懦惰窳矣表記威莊而安孝慈而敬使民有父之尊有母之親與此同

○或謂孔子曰子奚不爲政子曰書云孝于惟孝友于兄弟施于有

政是亦爲政奚其爲爲政集解唐宋石經作孝乎漢石經白虎通皇本與釋文作孝于與下友于施于相應今從之僞古文採入君陳篇後儒據君陳篇改于爲乎故不從華嶠後漢書劉平江華傳引作于晉夏侯湛昆弟誥潘岳閒居賦叙梁元帝劉孝綽墓志李善注文選並引作孝乎惟孝蓋于與乎通僞古文君陳篇採入亦作乎故唐石經改作乎今以漢石經爲正皇本是亦爲政下有也字

包咸曰或人以爲居位乃是爲政孝于惟孝美大孝之辭友于兄弟善于兄弟施行也所行有政道與爲政同蓋定公初年孔子不仕以昭公不正終定公不正始孝友之道缺也但未便明言故託于家亦有政引書諷諭之然人之生世入則父子兄弟出則君臣民庶皆有法度禮義其爲政實一也蓋道無小大自元言之則天爲小自天言之則地爲小自地言之則國爲小自國言之則家爲小若內自血輪言之則身爲大自身言之則家爲大大小無定視所比例遊心于無極則堯舜事業猶一吷也反歸于現在則一身一家當前莫大修齊秩叙大費經綸故喜怒卽爲位育灑掃皆是

神明出門如見大賓使民如承大祭無小無大道通于一故語大至乾元統天覩天下如儆屣語小至現隱顯微故視微小若載重寶蓋神聖之識固與人遠矣

○子曰人而無信不知其可也大車無輗小車無軏其何以行之哉包咸曰大車牛車輗轅端横木以縛軛小車駟馬車乘車軏者轅端上曲鉤衡墨子曰吾不如爲車輗者巧也用咫尺之木而引三十石之任蓋車無此二者則不可以行人之有信爲交接之關鍵猶車之有輗軏若人無信則一步不能行也孔子之爲道不尙高遠專爲可行以道者爲人之道非鬼神之道則亦當爲人所同行者也故道無論若何人人可同行則爲大道人人不可行則爲非道所以尙信者非不知變詐權術可私得大益也然爲一人之私利則爲衆人之大害不可互行也且變詐權術終必自困于行不可互行者既非公理聖人所不言也

○子張問十世可知也子曰殷因於夏禮所損益可知也周因於殷禮所損益可知也其或繼周者雖百世可知也釋文十世可知也一本作可知乎鄭本作可知漢書杜欽對策曰殷因于夏尚質周因于殷尚文則于夏殷斷句

三十年爲一世損減也益饒也春秋之義有據亂世升平世太平世子張受此義故因三世而推問十世欲知太平世之後如何也孔子之道有三統三世此蓋藉三統以明三世因推三世而及百世也夏殷周者三統遞嬗各有因革損益觀三代之變則百世之變可知也蓋民俗相承故後王之起不能不因于前朝弊化宜革故一代之興不能不損益爲新制人道進化皆有定位自族制而爲部落而成國家由國家而成大統由獨人而漸立酋長由酋長而漸正君臣由君主而漸爲立憲由立憲而漸爲共和由獨人而漸爲夫婦由夫婦而漸定父子由父子而兼錫爾類由錫類而漸爲大同于是復爲獨人蓋自據亂進爲升平升平進爲太平進化

有漸因革有由驗之萬國莫不同風觀嬰兒可以知壯夫及老人觀萌芽可以知合抱至參天觀夏殷周三統之損益亦可推百世之變革矣孔子之爲春秋張爲三世據亂世則內其國而外諸夏升平世則內諸夏外夷狄太平世則遠近大小若一蓋推進化之理而爲之孔子生當據亂之世今者大地既通歐美大變蓋進至升平之世矣異日大地大小遠近如一國土既盡種類不分風化齊同則如一而太平矣孔子已預知之然世有三重有亂世中之升平太平有太平中之升平據亂故美國之進化有紅皮土番中國之文明亦有苗猺獞黎一世之中可分三世三世可推爲九世九世可推爲八十一世八十一世可推爲千萬世爲無量世太平大同之後其進化尚多其分等亦繁豈止百世哉其理微妙其事精深子張欲知太平世後之事孔子不欲盡言但以三世推之以爲百世可以知也百世爲三千年于今近之故曰百世以俟聖人

而不惑子張少孔子四十八歲于孔子夢奠之時年僅二十五而能爲十世之問其必聞于春秋三世之義推太平世後之事及百世之偉論可謂高懷遠志矣惜乎記論語後學者之不能著也此爲孔子微言可與春秋三世禮運大同之微旨合觀而見神聖及運世之遠後儒泥于據亂之一世尙未盡夏殷周之三統而欲以斷孔子之大道此其割地偏安豈止如東周君蕭詧之云乎嗟乎孔子之道闇而不明鬱而不發爲天下裂豈可言哉幸微言尙傳賴修明恢復之

○子曰非其鬼而祭之諂也見義不爲無勇也

人神曰鬼孔子定禮祭止天祖其他皆爲淫祀妄祭以求福是行諂媚也蓋上古淫祀之鬼甚多孔子乃一掃而空之觀印度淫鬼之多卽知孔子掃除中國淫祀之力矣勇熱力也天下萬事皆生于熱力造起天地與立世宙皆自勇生若旣知義所應爲而不爲

誤天下莫甚焉故孔子深惡之若勇而非義又不得爲勇也徐侍

郎致靖曰諂瀆鬼神者必不能勇于赴義放棄義務者必至迷信

虛無其事互爲緣也

門人贛縣王德潛初校

門人高要陳煥章覆校

門人番禺王覺任覆校

門人東莞張伯楨覆校

論語注卷之二終

論語注卷二　三

張伯鎮卯

論語注卷之三

南海康有爲學

八佾第三

凡二十六章

○孔子謂季氏八佾舞於庭是可忍也孰不可忍也佾春秋繁露三代改制篇漢書禮樂志作溢則溢佾通也謂說也忍耐也季氏魯大夫季孫氏也佾舞列也公羊穀梁謂天子八諸公六諸侯四白虎通高誘注淮南謂每佾六人左傳與馬融服虔以爲每佾八人天子八諸侯六大夫四士二皆僞古文說今不從舞者以固人肌膚之會筋骸之節也操體以强身託之禮樂宣以功德動以干戚飾以羽旄寫其志而動其容和順積中而英華發外雖以天子之尊朱干玉戚而舞發揚蹈厲則爲太公之志詩曰僔僔舞我乃孔子所傳禮樂之大典以致人道于壽樂者

宋儒不通此義乃盡廢之于是無以固人肌膚樂人神志等于墨氏之非樂其道大觳矣故謂孔子之道割地多矣此譏季氏之僭僭諸侯猶可僭天子不可言孰不可忍蓋深疾之辭後漢荀爽魏高貴鄉公文欽晉元帝盧諶庾亮凡聲罪致討皆引此文

○三家者以雍徹子曰相維辟公天子穆穆奚取於三家之堂

大夫稱家三家魯大夫孟孫叔孫季孫雍周頌篇名徹祭畢而收其俎也天子宗廟之祭則歌雍以徹是時三家僭而用之相助也包咸曰辟公謂諸侯及二王之後穆穆天子之容貌雍篇歌此者有諸侯及二王之後來助祭故也今三家但家臣而已何取此義而作之于堂耶

○子曰人而不仁如禮何人而不仁如樂何

包咸曰言人而不仁必不能行禮樂如奈也蓋人者仁也取仁於天而仁也以博愛爲本故爲善之長有仁而後人道立有仁而後

文爲生苟人而不仁則非人道蓋禮者仁之節樂者仁之和不仁則無其本和節皆無所施皮之不存毛將焉附雖陳筵席尊俎衣冠揖讓奏黃鐘大呂弦歌干戚而情不深者文不明氣不盛者化不神有其體式而無其精神亦不足爲禮樂也翟方進曰不仁而多材國之患也徐侍郎致靖曰以無實之人而行禮樂塗飾耳目羊質虎皮若王莽焉害尤甚也故曰禮樂待其人而後行記者敘此于八佾雍徹之後疑其爲三家發也

○林放問禮之本子曰大哉問禮與其奢也寧儉喪與其易也寧戚

林放魯人見世之爲禮者專事繁文而疑其本之不在是也孔子以時方逐末而放獨有志于本故大其問奢張也喪亡也朱子曰易治也孟子曰易其田疇在喪禮則節文習熟而無哀痛慘怛之實者也戚則一于哀而文不足耳禮貴得中奢易則過于文儉戚則不及而質二者皆未合禮然凡物之理必先有質而後有文檀

弓謂不若禮不足而哀有餘也則質乃禮之本也楊氏曰禮始諸飲食故汙尊而抔飲爲之簠簋籩豆罍爵之飾所以文之也則其本儉而已喪不可以徑情而直行爲之衰麻哭踊之數所以節之也則其本戚而已此答禮本之問故純取于質蓋夫子以周末人僞以文滅質有爲言之若時之有變則觀其會通以行其典禮文明既進則亂世之奢文明以爲極儉世愈文明則尙奢愈甚若于三代珠盤玉敦之時而必反之汙尊抔飲生番野蠻之俗以致人道之退化非止事不可行亦大失孔子意矣天未喪斯文不在玆公羊稱孔子爲文王蓋孔子爲文明進化之王非尙質退化者也宋儒不通此義以儆車羸馬爲賢公孫布被相率僞儉蘇軾所謂儉者陋風有損國體豈惟國體不美實令人道退化令中國之文明不進大損所關豈細故哉宋賢因國力壓制俸入甚薄其不能不尙儉勢也若遂說爲孔法以爲俗化之定論以損退文明此則

不可不明辨也

○子曰夷狄之有君不如諸夏之亡也

包氏曰諸夏中國亡無也此論君主民主進化之理董子繁露曰春秋無通辭從變而移邲之戰夷狄反背中國不得與夷狄爲禮避楚莊也邢衞魯之同姓也狄人滅之春秋爲諱避齊桓也當其如此也唯德是親故夷狄而有德則中國也中國而不德則夷狄也並非如孫明復胡安國之嚴華夷也蓋孔子之言夷狄中國卽今野蠻文明之謂野蠻團體太散當立君主專制以聚之據亂世所宜有也文明世人權昌明同受治于公法之下但有公議民主而無君主二者之治皆世界所不可少互有得失若亂世野蠻有君主之治法不如平世文明無君主之治法易曰飛龍在天有君主之治法也見羣龍无首無君主之治法也而孔子云乾元用九天下治也固知有君主者不如之諸夏名因于夏禹蓋禹平洪水

而始一中國諸夏音轉作諸華晉六朝人譯佛書寫作支那是也
見吾支那爲諸夏音轉考

○季氏旅於泰山子謂冉有曰汝弗能救與對曰不能子曰嗚呼曾謂泰山不如林放乎

旅祭名泰山山名在魯地禮諸侯祭封內山川季氏祭之僭也冉有孔子弟子名求嘗爲季氏宰救謂救其陷于僭竊之罪嗚呼歎辭包咸曰神不享非禮林放尙知問禮泰山之神反不如林放邪欲誣而祭之祭封內山川之制蓋三代先王舊禮孔子本欲删之不能斥魯君故先斥季氏春秋之義于亂世絕大夫升平世斥諸侯太平世貶天子如攺易天子諸侯山川之祀此則待之平世也

○子曰君子無所爭必也射乎揖讓而升下而飲其爭也君子

揖讓而升者大射之禮耦進三揖三讓而後升堂也下而飲謂射畢揖降以俟衆耦皆降勝者乃揖不勝者升取觶立飲也勝者袒

決遂執張弓不勝者襲脫決拾郤左手右加弛弓于其上而升飲君子恥之故平日恭遜不與人爭惟于射則爭然其爭也雍容揖遜乃如此則其爭也君子而非若小人之爭矣修睦爲人利爭奪爲人患蓋爭之極則殺戮從之若聽其爭大地人類可絶也然進化之道全賴人心之競乃臻文明禦侮之道尤賴人心之競乃能圖自存不然則人道退化反于野蠻或不能自存而併于强者聖人立教雖仁亦必先存己而後存人且尤欲鼓舞大衆之共進故爭之害聖人預防之而爭之禮聖人特設之物必有兩而後有爭故禮必分爲兩黨人必禦侮而後能圖存故爭心寓于射禮人必有恥而後能向上故設勝不勝以致其爭心爭既不可無而又不可極故示之揖讓以爲節爭之勝者挾勢凌暴無所不至故令飲不勝者以致其慈禮者禦侮圖存尙恥求勝兩黨迭進人道之大義孔子之微意也孔子制禮十七篇皆寓無窮之意但于射禮見

之凡人道當禦侮圖存之地皆當用之今各國皆立議院一國之禦侮決于是一國之圖存決于是萬國之比較文明定于是兩黨之勝負迭進立于是以爭而國治日進而不敢退以爭而人才日進而不敢退如兩軍相當氣衰則敗水愈長而堤愈高交進迭上無敢退讓以視從容獨立無磨礪之者其進退相反亦遠矣故當仁不讓于射必爭仁孰大于爲國民射孰大于禦國侮故議院以立兩黨而成治法眞孔子意哉惟議院譁噪或致毆爭此則無揖讓之意蓋教爭甚難盍服孔子立揖讓之禮也凡禮皆立兩黨則又不止爲射起即萬國全合太平大同而兩黨互爭之義施之于政教藝業皆不可廢者蓋太極兩儀之理物不可不定于一有統一而後能成物不可不對爲二有對爭而後能進且當據亂世人之爭心太劇故以尙讓革之若當平世人之亂殺漸少則以激爭進之故亂世不可尙爭惟平世而後尙爭小人不可教爭惟君子

然後可爭此則萬理無定而在與時消息如五行之迭王不能爲主持者也

○子夏問曰巧笑倩兮美目盼兮素以爲絢兮何謂也子曰繪事後素曰禮後乎子曰起予者商也始可與言詩已矣繪本又作繢文選夏侯常侍誄注引作繢

詩衛風碩人之篇今僞毛詩闕素以爲絢一句觀子夏問之孔子必無删理魯齊詩原本必不闕也凡諸經漢後之稱逸詩者皆僞毛詩行後後儒據僞毛詩言之皆謬也餘倣此倩好口輔也盼目黑白分也素粉地畫之質也絢采色畫之飾也言人有此倩盼之美質而又加以華采之飾如有素地而加采色也子夏疑其反謂以素爲飾故問之繪畫也後素後于素也考工記曰繪畫之事後素功又曰畫繢之事雜五采謂先以粉地爲質而後施五采猶人有美質然後可加文飾說文繢織五采亦同包咸曰予我也孔子

言子夏能發明我意可與共言詩人而不仁如禮何必以仁爲先而後施禮記曰甘受和白受采忠信之人可以學禮孔子創禮而再三言禮之本恐人以文滅質詐僞日滋也讀素絢而悟禮後孔子乃許以言詩然則泥于章句說詩者高叟必非聖人所許也此可爲說詩之法

○子曰夏禮吾能言之杞不足徵也殷禮吾能言之宋不足徵也文獻不足故也足則吾能徵之矣（獻或作儀尚書大傳于民獻作民儀漢孔宙碑費鳳碑斥彰長田君碑于萬邦黎獻皆作黎儀）

杞夏之後宋殷之後徵明證也文典籍也獻賢也本言二代之禮我能言之而二國不足取以考證以其文獻不足故也文獻若足則我能考證矣夏殷之禮文獻不足徵如此而禮記所存二代之禮其多如此可見皆孔子所託之三統蓋諸子皆託古故許行託于神農墨子託于禹道家託于黃帝孔子上稱堯舜而下稱周亦

稱二代蓋聖人改制無徵不信故皆託之先王而行之後世也

○子曰禘自既灌而往者吾不欲觀之矣

禘追享之名聖人葬墓安魄立廟安魂四時享之春曰礿夏曰禘秋曰嘗冬曰烝其大享于太廟于秋嘗時行之是爲大嘗其以太祖配天而追祀所出太微之帝于夏禘時行之是謂大禘記孟獻子曰正月日至可以有事于祖七月日至可以有事于上帝祭義所謂大嘗禘是也三年喪畢祔先君而合祭于太廟所謂祫也于夏時行之亦稱吉禘省文亦稱禘成王以周公有大勛勞賜魯重祭故有禘祭魯人特行此大禮而既灌之後有司不誠敬故不欲觀灌者用鬱鬯之酒灌地以降神臭陰達于淵泉是也白虎通考黜篇鬯者以百草之香鬱金而合釀之禘爲大祭凡九獻先奏樂君以黃目玉瓚灌爲一獻夫人灌爲再獻君出視牲視殺薦血腥于堂爲三獻四獻是爲朝踐薦孰于室爲饋食是五獻六獻尸食

畢君與夫人酳尸是七獻八獻賓長酳尸是九獻鄭君曰禘禮自血腥始灌時未薦腥然則孔子自始即不欲觀或以其僭大禮也

○或問禘之說子曰不知也知其說者之於天下也其如示諸斯乎指其掌示他本引作寘

示猶視也禮三本天者生之本也祖宗類之本也無天惡生無祖惡生故自天而視衆生萬物皆一體也自祖而視裔孫同類皆同氣也禘者以祖配天祀所出之帝太微推天祖之心則凡天之所生皆當愛之凡祖之所生皆當親之三代皆出于黃帝中國人多黃帝子孫也以黃帝配上帝則凡黃帝之子孫皆吾同胞之親也于禘時念之則當親之大地黃白黑赤棕人各種皆自天生而與吾分支者皆吾同類之民也于禘時念之則當仁民鳥獸昆蟲草木皆天所生而與吾異形者皆吾同氣之物也于禘時念之則當愛物親親民物皆合爲一體其于治天下如運諸掌乎禘之說大

概如此孔子遜言不知蓋以魯人失禮故不欲答之歟

○祭如在祭神如神在子曰吾不與祭如不祭

祭際也察也與天命鬼神相接祭祭先祖也祭神祭外神也如在者事死如生思其居處言語飲食所以致其誠也包咸曰孔子或出或病而不自親祭使攝者爲之不致肅敬于心與不祭同此記孔子祭祀之誠范氏曰君子之祭七日戒三日齋必見所祭者誠之至也是故郊則天神格廟則人鬼享皆由己以致之也有其誠則有其神無其誠則無其神可不謹乎吾不與祭如不祭誠爲實禮爲虛也

○王孫賈問曰與其媚於奧寧媚於竈何謂也子曰不然獲罪於天無所禱也

王孫賈衞大夫室西南隅爲奧竈者五祀之一凡祭五祀皆先設主而祭于其所然後祭于奥如祀竈則設主于竈隅祭畢而更設

饌于奧故時俗之語因以奧有常尊而非祭之主竈雖卑賤而當時用事喻自結于君不如阿附權臣也賈衞之權臣故以此諷孔子天爲神之至尊得罪于賤者可禱貴者解之若得罪于天則無可解上帝臨汝無貳爾心若諂媚以求富貴事奧竈皆不可非徒喪節亦失天與之良日監在茲實爲獲罪無可祈禱以免之聖人奉天而行舉動皆如對越所以褫奸雄之魄不惡而嚴甚矣

○子曰周監於二代郁郁乎文哉吾從周

監視也郁郁文明貌孔子改制取三代之制度而斟酌損益之如夏時殷輅周冕虞樂各有所取然本于周制爲多非徒時近俗宜文獻足徵實以周制上因夏殷去短取長加以美備最爲文明也孔子之道以文明進化爲主故文明者尤取之子思所謂憲章文武也墨子公孟子亦曰子之古非古也周也吾之古夏也故墨子改制上法禹爲多而孔子改制法周文爲多故又曰文王既沒文

不在茲公羊稱孔子爲文王法其生不法其死爲後王之法人道之始也此專就著書改制而言若行事則國朝自有法國人安得不從即夏殷更文孔子亦不能從夏殷而背本朝以犯國憲也何待發從周之說哉故爲著書改制言之至明

○子入太廟每事問或曰孰謂鄹人之子知禮乎入太廟每事問子聞之曰是禮也太廟漢石經作太廟今從之鄹潛夫論同史記作陬當是通惟說文作郰當是僞古也

包咸曰太廟周公廟此蓋孔子始仕之時入而助祭也鄹魯邑名孔子父叔梁紇嘗爲其邑大夫孔子所生地孔子自少以知禮聞故或人因此以譏之孔子言是禮者敬謹之至乃所以爲禮也孔子仕魯魯祭周公而助祭也孔子父叔梁紇爲鄹邑大夫國語稱鄹人緣古謂大夫守邑者爲某人故謂孔子爲鄹人之子也孔子少以知禮聞于魯故孟僖子使懿子武伯從孔子游孔子初入廟于廟中行禮之節序及禮樂之器事事問之以印証所學蓋慎之

至者或人以孔子素負盛名而今待問乃疑本末學不知宗廟體大不容少誤安知無隨時損益更變者豈可身未親歷而據空文以定實乎雖知亦問非徒爲謹禮實宜然記此見孔子有若無實若虛不以學問自矜而行禮至謹可爲後法也

○子曰射不主皮爲力不同科古之道也

朱子曰射不主皮鄉射禮文爲力不同科孔子解禮之意如此也皮革也布侯而棲革于其中以爲的所謂鵠也科等也古者射以觀德但主于中而不主于貫革蓋以人之力有强弱不同等也記曰武王克商散軍郊射而貫革之射息正謂此也周衰禮廢列國兵爭復尙貫革故孔子歎之

○子貢欲去告朔之餼羊子曰賜也爾愛其羊我愛其禮（爾漢書律歷志引作汝）

告朔之禮古者天子常以季冬頒來歲十二月之朔政于諸侯以

尊天也諸侯受而藏之祖廟月朔朝廟則以特羊告廟請而行之使大夫南面奉天子命君北面受之以尊天子敬祖也餼生牲也魯自文公始不視朔而有司猶供此羊故子貢欲去之包咸曰羊存猶以識其禮羊亡禮遂廢蓋子贛伺核實計度支而惜糜費孔子主明義則欲藉名物而存大禮惠棟曰明堂月令者虞夏商周四代治天下之大法蓋如歐人所謂憲法也識廢棄憲法也

○子曰事君盡禮人以爲諂也

孔子于事君之禮但奉周制而行耳時權臣驕傲不盡臣禮反以爲諂故孔子言之世非太平當正君臣以肅堂陛所以絕爭篡之媒也孔子以大聖出世若佛氏之令國王膜拜何施不可而屈身于倫類示人以大義忘己無我但論生民其立義四面皆圓此聖人所以爲大也季氏新逐昭公事君傲慢故孔子規之觀今孔子所制君臣之禮答大夫拜天子見三公下階見卿離席見大夫起

席見士撫席雖歐洲立憲之君見臣下尙不如此學者當知有爲而發勿執單詞而生疑也

○定公問君使臣臣事君如之何孔子對曰君使臣以禮臣事君以忠

定公魯君名宋君之與臣雖有尊卑而同共天職者也故待如嘉賓是爲禮臣之事君雖爲國而受其恩義者也故報以赤心是爲忠蓋君患暴慢無禮以奴隸犬馬待其臣臣患虛僞不忠以秦越肥瘠視其君此即孟子答齊王之意但孔子之言蘊釀耳然此可爲君臣之定義傳曰王臣公公臣大夫大夫臣士士臣僕僕臣隸隸臣輿輿臣臺一家一肆皆有主臣若不以禮以忠亦不可行也

○子曰關雎樂而不淫哀而不傷

關雎周南國風詩之首也宵雅肄三言關雎者葛覃卷耳在焉猶言文王則大明緜在但舉篇首以概其餘蓋升歌笙入閒歌合樂

皆三終爲節樂而不淫關雎葛覃也哀而不傷卷耳也能樂能哀盈其欲而不愆其正淫者樂之過而失其正傷者哀之過而害于和也欲學者玩其辭審其音而有以識性情之正也此歎美關雎之樂非謂詩也關雎爲房中樂鄉飲酒禮用之哀窈窕思賢才洋洋盈耳極樂而不淫寤寐反側發情止義思夫在遠甚哀而不傷孔子删詩正樂首關雎者以人道始于夫婦君子相配然後昭教有方人種乃定此太平大同之始基也故反側鄭重而後定之琴瑟鐘鼓以樂之人道多憾必有離别樂極生哀故房中樂之奏關雎樂而不淫哀而不傷所以得性情之正中和之理爲生民之本萬福之原也劉向列女傳仁智篇法言孝至篇史記十二諸侯年表儒林傳序漢書杜欽傳後漢書明帝紀皇后紀馮衍傳楊賜傳張衡傳皆魯詩同義韓詩章句以佩玉晏朝關雎作諷在康王時惟毛詩以爲文王詩僞古也今不從

○哀公問主於宰我宰我對曰夏后氏以松殷人以柏周人以栗曰使民戰栗主鄭本作主釋文作社公羊疏主爲今文社爲僞古文故今不從社

宰我孔子弟子名予主孔穎達疏引張包周杜氏皆以爲問廟主白虎通祭所以有主者何言神無所依據孝子以主繼心焉論語曰哀公問主于宰我故知今文從主何氏休公羊學曰夏后氏以松殷人以柏周人以栗松容也想象其容貌而事之栢迫也親而不遠栗猶戰栗謹敬貌三代三統各有所尚宰我以爲周制使民戰栗蓋出傳會若社主用石不用木矣益證僞古文之謬也

子聞之曰成事不說遂事不諫既往不咎

包咸曰事已成不可復解說事已遂不可復諫止事已往不可復追咎孔子非宰我故歷言此三者欲使慎其後遂事謂事雖未成而勢不能已者以宰我所對非立主之本意又啟時君殺人之心而其言已出不可復救故深責之

○子曰管仲之器小哉

管仲齊大夫名夷吾相桓公霸諸侯施伯謂魯侯曰管仲大器也孔子辯之器小言其不知聖賢之道天人之理正身修德以致王道蓋苟能通達天人則志量高遠規模廣大其視霸千里之國猶烹鮮反掌也豈以自足其在己脩然若不與豈以自侈而惜管仲局量褊淺規模卑狹

或曰管仲儉乎曰管氏有三歸官事不攝焉得儉然則管仲知禮乎曰邦君樹塞門管氏亦樹塞門邦君爲兩君之好有反坫管氏亦有反坫管氏而知禮孰不知禮

包咸曰三歸娶三姓女婦人謂嫁曰歸春秋諸侯娶三國之女姪娣從蓋諸侯不再娶而有三宮白虎通卿大夫一妻二妾不備姪娣國策與韓非子皆言管仲家有三歸晏子言桓公以管仲恤勞賞之以三歸說苑仲築三歸之臺然則管仲娶三姓女公賜三宅

居之其時昏禮築臺迎女故又曰三歸之臺蓋管仲受桓公之賞爲之然仍爲奢僭也攝猶兼也禮國君事大官各有人大夫兼並今管仲家臣備職非爲儉鄭氏玄曰反坫反爵之坫在兩楹之間人君別內外于門樹屏以蔽之若與鄰國君爲好會其獻酢之禮更酌酌畢則各反爵于坫上今管仲皆僭爲之是不知禮按管仲治國之才成霸之術以今觀之自是周公後第一人才如今德國之俾斯墨矣故孔子稱其仁然身則三歸反坫君則內嬖六人其本未治而徒騖事功故君臣一逝豎刁開方易牙即亂諸公子爭立霸業遂絕幾與晉武帝同此由不以王道爲志自以功名足以震矜天下而內行不必檢所謂器小也

○子語魯太師樂曰樂其可知也始作翕如也從之純如也皦如也繹如也以成皇本知也下有已字成下有矣字

太師樂官名翕變動也從與縱通純不雜也皦清別也繹抽續條

達也成正歌備也升歌及笙各三終間歌三終合樂三終爲一備始作金奏肆夏聞之而變動也綫之升歌重人聲之純一也繼而笙入有聲無辭其聲清別而皦如也已而閒歌人聲笙聲代作抽續而條達也三節皆用雅故曰雅頌得所時禮壞樂崩雖樂官鮮能深明孔子神明于樂世家引此作哀十一年自衞反魯正樂時太師或卽師摯耶

○儀封人請見曰君子之至於斯也吾未嘗不得見也從者見之出曰二三子何患於喪乎天下之無道也久矣天將以夫子爲木鐸

儀衞邑封人掌封疆之官蓋賢而隱于下位者也君子謂當時賢者至此皆得見之自言其平日不見絕于賢者包咸曰從者弟子隨孔子行者通使得見朱子曰喪謂失位去國禮曰喪欲速貧是也木鐸金口木舌孔安國曰木鐸施政教時所振也言天將命孔子制作法度以號令于天下言孔子爲受命之教主垂制作于萬

世也儀封人一見而知孔子爲教主亦可謂異識矣

○子謂韶盡美矣又盡善也謂武盡美矣未盡善也

韶舜樂武武王樂盡美者聲容之盛盡善者止于至善也書所謂戛擊鳴球搏拊琴瑟以詠下管鼗鼓合止柷敔笙鏞以間簫韶九成韶樂也樂記曰先鼓以警戒三步以見方再始以著往復亂以飾歸總干而山立武王之事發揚蹈厲太公之志武亂皆坐周公之治始而北出再成而滅商三成而南四成而南國是疆五成而分周公左召公右六成復綴以崇天子夾振之而駟伐分夾而進久立于綴武樂也孔子明人道之公理貴和親而賤征伐尊大同而薄小康舜者天下爲公選賢與能大同之道民主之法也武王者作謀起兵以正君臣以立田里世及爲禮城郭溝池以爲固小康之道君主之法也樂以象功昭德孔子于爲邦曰樂則韶舞乃至聞韶三月不知肉味而于武樂爲國朝先王之樂反致不滿此

其于大同小康之道發露至明矣孔子書不盡言言不盡意若此義亦可窺聖人之意乎

○子曰居上不寬爲禮不敬臨喪不哀吾何以觀之哉

居上主于愛人故以寬爲本爲禮以敬爲本臨喪以哀爲本既無其本則其餘雖有可取亦不足觀此亦歸重禮本之意孔子以人溺于儀文故再三言之

門人贛縣王德潛初校

門人高要陳煥章覆校

門人番禺王覺任覆校

門人東莞張伯楨覆校

論語注卷之三終

論語注卷之四

南海康有爲學

里仁第四

凡二十六章

○子曰里仁爲美擇不處仁焉得知後漢書張衡傳匪仁里其焉宅兮李賢注引擇作宅王應麟引此以爲古文劉瑨梁典署宅歸仁里但古文爲僞今不取

擇揀選也里有仁厚之俗爲美擇里而不居于是焉則失其是非之本心而不得爲知矣故荀子曰居必擇鄉遊必擇士此言擇鄰人者仁也人道以仁爲本愷悌慈祥和平忠厚欣喜懽愛然後可爲人然厲志自修不如與人熏染入蘭室則香居鮑肆則臭故擇人不如擇鄰鄰里有仁厚之俗則熏德皆爲善長若處惡鄰風俗敗壞則已必染之而不覺故里名勝母曾子不入邑號朝歌墨子迴車若不擇仁里而居惡鄰其不善自謀且不爲家人子孫謀不

智甚矣若大同之世人心皆仁風俗盡美乃不待擇否則擇鄰里爲熏德之要義此篇言仁故孔子首貴擇鄰焉

○子曰不仁者不可以久處約不可以長處樂仁者安仁知者利仁

此言處境約窮也久彌異時也包咸曰惟性仁者自然體之故謂安仁王氏曰知仁爲美故利而行之曾子曰仁者樂道智者利道中庸或利而行之利貪也知仁爲有益而欲得之也蓋人而不仁其智昏不能樂天知命其性貪不能節欲修身久困必至于濫久樂必至驕淫惟仁者隨遇而安無入而不自得知者知仁之益因以爲資慕善而不易所守雖安行與困勉不同而皆不爲外境所奪者夫人不爲外境所轉者鮮矣所貴于學者與常人殊在轉外境而不爲外境轉也門人麥孟華布衣處素確乎不拔與以教育總長而不受可謂仁者歟

○子曰唯仁者能好人能惡人皇本宋刻石經九經皆作唯今本作惟不取

好善而惡惡人之同情然人每失其正者或性有所偏而不能克或嫌有所隔而不能忘也惟仁者無忮無私所以能好惡也常人之情好惡任情毀譽乖方其才高氣舉者尤多偏頗甚至顛倒是非敗壞風俗夫真能虛公尙慮囿于世俗況未能公正乎此學者所宜留意也

○子曰苟志於仁矣無惡漢石經無也字春秋繁露引同今從之

惡如字孔氏曰苟誠也言誠能志于仁則其餘終無惡人道以仁爲主凡人不必論其品詣之得失也其心誠在于仁則必無爲惡之事矣楊氏曰苟志于仁未必無過舉也然而爲惡則無矣但問其仁不仁又不必問其能仁但其志在于仁則無論其行事開闔遠近或高畸偏僻過舉百端要謂之過若有心之惡險詖之事則必無也孔子之道固貴中行然亦深取狂狷但必要之於仁自無大弊孔子萬理並發學者學之幾不得其門惟以志仁爲主則無

大失此言庶幾入德之門乎學者宜信受捧持之也

○子曰富與貴是人之所欲也不以其道得之不居也貧與賤是人之所惡也不以其道得之不去也君子去仁惡乎成名君子無終食之間違仁造次必於是顛沛必於是今本作不處後漢書陳蕃傳鹽鐵論論衡問孔刺孟篇呂覽有度篇注皆作不居皆今文學也今從之處字當是古文呂覽注居下無也字高麗本去下無也字

不以其道得之謂不當得而得之常人見富貴則妄取當貧賤則失節然君子于富貴則不妄居于貧賤則不厭去君子之審富貴而安貧賤也如此王充疑貧賤不當言得豈知信而見疑忠而被謗致遭斥逐非不以其道得貧賤乎若遂諂佞而得富貴如盧思道元微之始以直而去官繼以媚而致位是去之也孔子蓋爲始終易節人說言君子所以爲君子以其仁也若貪富貴而厭貧賤則是自離其仁而無君子之實矣何所成其名乎名爲孔子大義所以厲行恥而光聲譽致人道于高尚而補刑賞所未及者也故

孝經曰立身行道揚名于後世以爲孝之終中庸言舜則曰必得其名言武王則曰不失顯名穀梁曰學成矣而名譽不彰友朋之過孟子曰令聞廣譽施於身不願人之文繡故教曰名教理曰名理義曰名義言曰名言德曰名德儒曰名儒士曰名士無在而不言名惟老莊乃戒名曰爲善無近名爲惡無近刑蓋無出而陽柴立中央之巧也宋儒言道過高遂誤採之以好名爲大戒遂爲小人羅織君子之計動輙詆人以好名于是人避好名而好利風俗大壞皆由于此夫人必能施而後得惠名人必不貪而後得廉名是亦不易矣孔子固言中心安仁無所慕而爲善者天下一人今乃並其可慕之名而攻之則人何所慕而爲善何所畏而不爲惡不然則是天下人皆中心安仁者已此則宋儒太高之過也故今發明之終食者一飯之頃造次倉卒急遽之時顛沛傾覆流離之際蓋君子之不去乎仁如此不但富貴貧賤取舍之間而已也然

取舍之分明然後存養之功密存養之功密則其取舍之分益明矣明德益明神明不鑿抱養純至故能歷久遠而不壞益光假使鐵輪頂上旋定慧圓明終不失也

○子曰我未見好仁惡不仁者好仁者無以尚之惡不仁者其爲仁矣不使不仁者加乎其身有能一日用其力於仁矣乎我未見力不足者蓋有之矣我未之見也漢石經我未見好仁下無者字今本有者字皇本用其力于仁下有者字力不足者下有也字蓋有之矣矣作乎

人懷陰陽之性即有好惡之情但慮好惡誤施耳夫人道有二惟仁與不仁盡之好惡有宜亦惟好仁惡不仁盡之好之至者如嗜好之癖舉天下之物無足比此者乃爲真好惡之至者如質氣相反雖絲毫之近不能忍受乃爲真惡好仁惡不仁亦如此然孔子未見其人蓋人非不空言慕善空言嫉惡而察其真心則非也果能真好真惡即真知真行王陽明所謂啞人喫苦瓜味自不同固

非不食之人所揣望而能知但使一食便自不同故孔子又降格而言不敢望其終身不違仁但試一日用力于仁欲仁仁至不患力有不逮蓋仁爲己有非由外鑠況志之所至氣亦赴之金石可貫鬼神可動而況近取諸身至易至簡乎深恠天下人之不好仁並一日之力而不肯用也又反覆諭之曰天下或有奇氣異體昏弱病狂不能爲人道者乎必如是則人不能爲仁然我行徧天下實未之見極言其無是理也孔子警策之切望人之深至矣

○子曰人之過也各於其黨觀過斯知仁矣

人道尚羣必親其黨或誤用之或救護之因成汚辱偏私之過然爲黨受過失于忠厚盍知其仁也程子曰人之過也各于其類君子常失于厚小人常失于薄君子過于愛小人過于忍後漢吳祐謂掾孫性私賦民錢市衣進父以親故受汙辱之名所謂觀過知仁是也按此爲觀人者法義亦可也凡義者過常少仁者過常多

惟其仁厚太甚故或蒙恥救民或忘己徇物不逆詐不億不信而任用或誤事不求可功不求成而機事或失此皆過也然而仁矣故仁愈高者其過愈奇仁人或不求人知是在觀人者審其過在仁否也

○子曰朝聞道夕死可也今本作可矣漢石經作可也

道者天人之道易所謂原始要終故知死生之說鬼神之狀通乎晝夜之道而知也蓋生死者人身體所不免惟知氣在上魂無不之神氣風霆風霆流形偶現者陽復藏者陰開闔往來天道本無生死蓋本未始生則亦未始死死生如晝夜晝夜旋轉實大明終始則無晝無夜也故人能養其神明完粹常惺不昧則朝而證悟夕而怛化可也孔子此言魂靈死生之道要一言而了精深玄微惜後儒不傳遂使聞道者少或者以歸佛氏而謂孔子不言靈魂則甚矣後儒之割地也

○子曰士志於道而恥惡衣惡食者未足與議也

尊神明者賤口體足內德者忘外物若志于道而尙以衣食之惡爲恥識趣凡陋不足與議道也蓋學者不患于愚魯而患于卑鄙卑鄙之人必害其志必無成學者也

○子曰君子之於天下也無適也無莫也義之與比。適鄭本作敵

適往也莫毋也義宜也比親附也言君子于天下之事之人無所必偏往無所必禁絕但于義之合宜者則親附而從之蓋非從人也從公理也從事宜也事宜者其地與人合宜其時與人合宜則施之恰當故君子有犯天下之謗違天下之論而獨爲之者義所宜也有從衆人之後因世俗之宜而不改者亦義所宜也

○子曰君子懷德小人懷土君子懷刑小人懷惠

懷思也土田宅也人精神各有所注注者皆念茲在茲行事雖同而心思逈異養神明者尊德性念念在德性養形魄者戀居處念

念在田宅愛身名者守法紀舉事皆畏刑貪財利者冒明刑動念但營利君子樂善其性次亦惡不善之加身小人上者苟安甚則苟得觀此大端可定人品之區別也故盛德之至捨國而讓天下細民則終身經營田宅良人受治于法律之下奸人則作弊于法律之中豈不遠哉

○子曰放於利而行多怨

放依也利者從刀刈禾假借爲以力有所取益之謂易曰義者利之和也人不能無取取利而和則謂之義不謂之利取利不和則謂之利不謂之義蓋人已之間有一定之界取不侵人之界則謂之和和則無怨取而侵人之界則謂之利利自多怨蓋已益則人損矣損則必怨故人人皆取于已之界而不侵人之界則天下平而上自霸王下至豪奸皆好侵人之界以益已在已身則爲怨府而悖人必至悖出在天下則爲亂源而爭始必以殺終此孔子所

以重惡之也

○子曰能以禮讓爲國乎何有不能以禮讓爲國如禮何漢書班超疏賈逵薦劉般書引作於從政乎何有

讓者不爭禮之實也何有者言以禮讓治國則國不足治也此言治國必用禮讓蓋惡春秋諸國外飾禮義以誇文明而日以爭殺爲事傷天心之和壞人道之平也矯積弊者必大反過橫湍者渡上流孔子生當據亂之世故特發讓義以捄之民主首堯舜君主首文王至德稱泰伯古賢稱伯夷皆美其讓也人人能讓則上者高蹈中者守界而天下平矣後漢讓產讓爵者相望風俗最美此孔子之大化也國病之聖藥也孔子不甚言國義蓋聖人言論皆爲天下萬世立公律不暇爲區區一國計也包咸曰如禮何者言不能用禮爭心未解而空飾禮文實非文明也

○子曰不患無位患所以立不患莫已知求爲可知也

所以立謂所以立乎其位者可知謂可以見知之實人皆患無官位無人知而不求才能學行之實假令在位被知亦必覆餗盜名耳君子方以尸位爲辱虛聲爲恥故必先求其在我而無暇願乎其外也若使才能可立學問可知而位不見舉名不見知是國人之損朋友之過已無與焉且立教箸書輔世長民傳後行遠尤大于區區一時之名位何患焉

○子曰參乎吾道一以貫之曾子曰唯

參乎者呼曾子之名而告之貫通也唯者直曉不問故曰唯聖人開示萬法大小精粗無所不備或並行而不悖或相反而相成然其用雖萬殊本實一貫曾子守約之人恐其拘泥然眞積力久將近豁然故特呼而告之曾子聞即領悟其體驗有得蓋亦久矣

子出門人問曰何謂也曾子曰夫子之道忠恕而已矣

中心爲忠如心爲恕孔子之一未明何物故門人多不悟解而問

曾子曾子直捷了當而揭一之義曰忠恕而已義似淺近然孔子之言道曰仁與不仁蓋以不忍人之心行不忍人之政推至天地位萬物育其本亦不過盡已心而爲忠推已心而爲恕耳若不忠則爲忍人之心不恕則不推不忍人之政可以天地閉萬物滅故忠恕雖約而大道已盡更無餘法悟者本身卽是惑者終身行之而猶違自入德言之則視忠恕爲違道不遠之方自至人視之則忠恕爲乾道變化各正性命之理故忠恕之道實一本萬殊兼下學上達者也

○子曰君子喻於義小人喻於利說文無喻字則喻字必是今文

喻明也義者天理之所宜利者人情之所欲董子曰皇皇求財利常恐乏匱者庶人之意也皇皇求仁義常恐不能化民者大夫之意也程子曰君子之于義猶小人之于利也惟其深喻是以篤好楊氏曰君子有舍生而取義以利言之則人之所欲無甚于生所

惡無甚于死孰肯舍生而取義哉其所喻者義而已不知利之爲利故也小人反是

○子曰見賢思齊焉見不賢而內自省也

省察也齊者思與賢者等內省恐與不賢者類蓋凡有所見皆反之身不肯自薄不忘自責乃爲爲已之學也

○子曰事父母幾諫見志不從又敬不違勞而不怨 皇本敬下有而字

諫間也更也包咸曰幾者微也當微諫納善言于父母見父母志有不從已諫之色則又當恭敬不敢違父母意而遂已之諫內則所謂父母有過下氣怡色柔聲以諫也見志不從又敬不違所謂諫若不入起敬起孝悅則復諫也勞而不怨所謂與其得罪于鄉黨州閭寧孰諫父母怒不悅而撻之流血不敢疾怨起敬起孝也

○子曰父母在不遠遊遊必有方 皇本不遠遊上有子字

朱子曰遠遊則去親遠而爲日久定省曠而音問疎不惟已之思

親不置亦恐親之念我不忘也遊必有方欲親必知已之所在而無憂召已則必至而無失也

○子曰三年無改於父之道可謂孝矣

已見首篇此蓋重出而逸其半矣然漢石經有之蓋弟子各記所聞或孔子頻言之董子所謂書之重辭之複不可不察也其中必有美者焉鄭氏曰孝子在喪哀戚思慕心不忍爲也

○子曰父母之年不可不知也一則以喜一則以懼

常知父母之年見其壽考則喜見其衰老則懼蓋罔極之恩昊天莫報孺慕之誠愛日難釋以使及時孝養無致風木興悲也

○子曰古者言之不出恥躬之不逮也皇本作古之者言之不妄出也當有誤文

逮及也包咸曰古人之言不妄出口爲身行之將不及蓋人無躬行之心則易由言若言必躬行自有恥心而不易啟口矣

○子曰以約失之者鮮矣後漢書王暢傳引無者字漢書外戚傳引無矣字

鮮少也約即曾子守約之謂縱橫儻蕩者必多失曲禮所謂敖不可長欲不可從志不可滿樂不可極守約也失亦少矣

○子曰君子欲訥於言而敏於行

包氏曰訥遲鈍也言欲遲而行欲疾謝氏曰放言易故欲訥力行難故欲敏胡氏曰自吾道一貫至此十章疑皆曾子門人所記也凡人言易而行難故聖人因病而藥之

○子曰德不孤必有鄰

鄰猶黨也德不孤立必以類應故有德者必有其類從之如居之有鄰也同聲相應同氣相求明德電之爲也無不相吸故有德者必有類從德愈明則黨愈多至于聖人則凡有血氣莫不尊親即風雨晦冥亦必雞鳴相應也此爲立德者孤立無助言之

○子游曰事君數斯辱矣朋友數斯疏矣

數謂責也國策所謂數讓責儒行所謂可微辨不可面數胡氏曰

事君諫不行則當去導友善不納則當止至于煩瀆則言者輕聽者厭矣是以求榮而反辱求親而反疏也君臣朋友皆以義合故其事同然亦爲交淺者言之若託孤寄命之君臣或當大事投分同志之朋友或臨大節則牽裾斷鞅切切偲偲又不得以此論矣門人隨記聖人之言皆有爲而發學者因事宜以施之不得執一言而泥守之也論語皆仿此

門人贛縣王德濟初校

門人高要陳煥章覆校

門人番禺王覺任覆校

門人東莞張伯楨覆校

論語注卷之四終

論語卷四

大

張伯楨蓋印

論語注卷之五

南海康有爲學

公冶長第五

此篇皆論古今人物賢否得失蓋格物窮理之一端也胡氏以爲疑多子貢之徒所記云

凡二十七章

○子謂公冶長可妻也雖在縲紲之中非其罪也以其子妻之紲陸德明本宋石經並作紲今本作絏蓋爲避唐太宗諱也

公冶長孔子弟子齊人妻爲之妻也縲黑索也紲攣也古者獄中以黑索拘攣罪人長之爲人夫子稱其可妻必其才行可取也嘗陷于獄世俗多以爲疑然德行瓌異者不容于世多矣既非其罪何足爲辱孔子特爲洗寃且妻以女所以待異才獲罪不拘俗諱也

子謂南容邦有道不廢邦無道免於刑戮以其兄之子妻之

南容孔子弟子居南宮名縚又名适字子容諡敬叔孟僖子之子

僖子使與懿子事孔子者也嘗隨孔子之周下篇言其三復白圭又稱其尙德蓋言行甚謹而好德甚誠故能處治朝而必用遭亂世而免禍保家之主也故孔子以兄子妻之公冶長以才高好奇取禍南宮以言行修謹保家二子性行不同孔子皆取之或曰公冶長之賢不及南容故聖人以其子妻長而以兄子妻容蓋厚于兄而薄于己也程子曰此以己之私心窺聖人也凡人避嫌者皆內不足也聖人至公何避嫌之有況嫁女必量其才而求配尤不當有所避也若孔子之事則其年之長幼時之先後皆不可知惟以爲避嫌則大不可避嫌之事賢者且不爲況聖人乎漢書古今人表以敬叔與南容爲二人孔子識敬叔載寶而朝或然歟

○子謂子賤君子哉若人魯無君子者斯焉取斯

子賤孔子弟子姓宓名不齊少孔子四十九歲漢書藝文志有宓子十六篇子賤爲單父宰父事三人兄事五人蓋能尊賢取友以

成其德者故孔子既歎其賢而又言若魯無君子則此人何所取以成此德乎因以見魯之多賢也凡人之成德皆賴賢師良友磨厲熏染之功故人才愈多者同時之成就愈衆若其地鮮才賢而能無藉自立者寡矣然雖有才賢而不知取以自助若此者又何足算哉

○子贛問曰賜也何如子曰女器也曰何器也曰瑚璉也

包咸曰瑚璉黍稷之器夏曰瑚商曰璉周曰簠簋皆宗廟之器貴者三禮圖瑚受一升如簋而平下璉受一升漆赤中如龜形說文瑚璉不從玉僞古文家以爲從木不知說文爲古文家而强從之子贛高才達學卓然早成故孔子稱其成器以其性識精深故許爲宗廟重器至于聞性與天道後變化從心必更有進其去大道不器必不遠矣但人才必先求成器而後進爲不器也

○或曰雍也仁而不佞子曰焉用佞禦人以口給屢憎於人不知其

仁焉用佞

雍孔子弟子姓冉字仲弓王充論衡以爲伯牛子佞巧諂高材也朱子曰仲弓爲人重厚簡默而時人以佞爲賢故美其優于德而病其短于才也禦當也猶應荅也給辯也屢數也憎惡也言佞人才辯雖高而本無情實徒以口辯接人取惡而已蓋既無仁心則雖辯智高巧亦無取也諸國並立極重才辯惟才辯乃能合衆故語言皆稱不佞孔子提倡仁道而惡智辯之士華而無實故曰遠佞人又曰焉用佞蓋孔子之宗旨千端萬緒皆歸本于仁苟其仁也雖樸默而深取之苟非仁也雖辯智而不重之張釋之責東陽侯長者而不取嗇夫之喋喋得聖人意也

○子使漆彫開仕對曰吾斯之未能信子說邢本釋文與漢書作雕

漆彫開孔子弟子名啟字子開漢書古今人表作漆彫啟凡論語敍弟子皆稱字史記作漆彫開字子開上開字當是避景帝諱啟

也家語作字子若泉碑作字子修皆謬漢書藝文志有漆彫子論衡引漆彫子言性有善惡韓非子顯學篇言有漆彫氏之儒蓋孔門一大宗也孔子嘗以其學業大成使之仕宦當是孔子爲魯司寇時蓋自天分氣人己同體但當成己而後成物若明德之後而不新民則于仁道有闕此聖人合內外之道也漆彫子以未敢自信不願遽仕則其學道極深立志極大不安于小成不欲爲速就宜乎爲八儒之一大派也故孔子說之

○子曰道不行乘桴浮於海從我者其由與子路聞之喜子曰由也好勇過我無所取材皇本由與下有也字材與哉通張平子碑往才汝諧

桴編竹木爲船也渡南曰篺北曰筏浮海之歎傷中國之不遇也子路勇于義故謂其能從己皆假設之言耳子路以爲實然而喜夫子之與己故夫子美其勇鄭氏曰無所取材者無所取于桴材

按孔子撥亂反正之道太平大同之理三世三重之法橫覽中

國皆不能行私居憂歎欲出海外是時大瀛海之說已通大九洲之地已著孔子答曾子發明地圓故心思海外大地必有人種至善可行大同太平之理者欲擇勇者同開教異域以子路勇而好仁故許其同行子路果喜可見聖賢傳教救人不憚艱遠之苦志矣從行海外鑿空創開事本艱難故孔子極稱其勇而是時海道未大通無船筏可出海欲泛無舟空深歎慕此則聖人所無如何故卒不果行使當時孔子西浮印度波斯以至羅馬東渡日本以開美洲則大教四流大同太平之道當有一地早行之也傳教救人宜出海外後學當以孔子子路爲法無憚艱遠矣

○孟武伯問子路仁乎子曰不知也又問子曰由也千乘之國可使治其傳也不知其仁也求也何如子曰求也千室之邑百乘之家可使爲之宰也不知其仁也赤也何如子曰赤也束帶立於朝可使與賓客言也不知其仁也史記弟子傳作季康子問傳今本作賦釋文梁武云魯論作傳今從之漢孫根碑東鞶立

朝未知與帶孰爲齊魯也

仁道至大不可全名故云不知古傳與賦通古者以田賦出兵故謂兵爲賦千室大邑百乘卿大夫之家宰邑長家臣之通號赤孔子弟子姓公西字子華孔門爲經世有用之學弟子各有經國之才故楚昭王欲相孔子而子西畏其弟子之多才曰王之相率有如子路者乎曰無有可見諸子才名震動遠國公西華長于外交三子各擅專門而孔子信許之蓋政治之分科學悉出孔門也三子之于仁蓋已甚深但仁道至大孔子猶言豈敢一息之違卽已非仁孔子不言三子之非仁而但言不知蓋許其深信者而遜言其未純至者歟千室區區已立邑此當今一大鄉而已立宰古制比東西尤密如今吾粤縣南海順德數十萬家乃立宰爲治太疎不可不鑒改之也

○子謂子贛曰女與回也孰愈對曰賜也何敢望回回也聞一以知

十賜也聞一以知二

愈勝也一數之始十數之終二者一之對也顔子明睿所照卽始而見終子贛推測而知因此而識彼無所不悅告往知來是其驗矣道有陰陽互相對待故有一必有二理包萬有含蘊枝條故有一必有十人一身必有二手二手必有十指乃天然也又數名十十而百百而千以至于萬億兆京陔秭壤溝澗正載極皆以十進易之推數以陰陽聞一知二之義也華嚴之推理以十聞一知十之義也孔子皆已包之子贛之聰明有聞一知二之才顔子之睿知有推一爲十之智皆知來者但子贛推知正反對待而顔子析之極精隨聞一法皆見其細微條理蓋析推精微之理非腦筋極精細者不能也況于一見而洞照之乎

子曰弗如也吾與女弗如也

包咸曰既然子贛不如復云吾與女俱不如者蓋欲以慰子贛也

聖人素知子贛顏子之才分而顏子聞一知十生知之質實爲卓絶故孔子謂子貢信不如且自遜言弗如蓋以顏子睿知命世少年而資地詣極孔子自謂少年亦不如之蓋作述難易之不同也

○宰予晝寢子曰朽木不可彫也糞土之牆不可杇也於予與何誅子曰始吾於人也聽其言而信其行今吾於人也聽其言而觀其行於予與改是唐宋石經俱作彫漢書董仲舒傳論衡問孔篇詩大雅棫樸正義亦俱引作彫

宰我孔子弟子晝寢謂當晝而寐朽腐也雕刻畫也杇鏝也言其志氣昏惰教無所施也與語辭誅責也言不足責乃所以深責之宰予能言而行不逮故孔子自言予之事而改觀人之法所以深警羣弟子之謹言敏行也晝寢小過而聖人深責如此可見聖門教規之嚴易貴自强不息蓋昏沈爲神明之大害故聖人尤以垂戒也

○子曰吾未見剛者或對曰申棖子曰棖也慾焉得剛說文無慾字則慾字必今

文

剛鄭氏曰强志不撓也包咸曰申棖魯人孔子弟子棖史記弟子傳作堂漢王政碑作棠漢文翁禮殿圖作儻音皆相通慾多嗜慾也多嗜慾則不得爲剛矣棖之慾不可知其爲人得非悻悻自好者乎故或者疑以爲剛然不知此其所以爲慾爾易首乾爲剛德剛健中正純粹精蓋天以行健爲至德人以自强不息爲至德鼓動萬物皆賴剛强之德若弱則爲六極矣故極貴之申棖蓋素有强直名者其短在有嗜欲則雖有剛德而嗜欲既發則不覺柔屈不得爲剛矣蓋能勝物之謂剛惟不屈于物故直養浩氣可塞于天地之間爲物累之謂慾物至化物故掩抑短氣消沮于方寸之内無論如何强直之人一有嗜慾氣即餒敗神明消沮故周子謂聖人可學在無慾蓋慾者純魄剛者純魂二者相反相成而日相爭若魂純勝者神明純清氣自剛大若魄純勝者嗜慾純掩氣已

奄奄其魂魄互勝者半慾半剛則爲中人其魂魄相勝分數之多寡以爲其慾剛之多寡卽爲人之高下也

○子贛曰我不欲人之加諸我也吾亦欲無加諸人子曰賜也非爾所及也

子贛不欲人之加諸我自立自由也無加諸人不侵犯人之自立自由也人爲天之生人人直隸于天人人自立自由不能自立爲人所加是六極之弱而無剛德天演聽之人理則不可也人各有界若侵犯人之界是壓人之自立自由悖天定之公理尤不可也子贛嘗聞天道自立自由之學以完人道之公理急欲推行于天下孔子以生當據亂世尙幼稚道雖極美而行之太早則如幼童無保傅易滋流弊須待進化至升平太平乃能行之今去此時世甚遠非子贛所及見也蓋極贊美子贛所創之學派而惜未至其時也子贛蓋聞孔子天道之傳又深得仁恕之旨自顏子而外聞

一知二蓋傳孔子大同之道者傳之田子方再傳爲莊周言在宥天下大發自由之旨蓋孔子極深之學說也但以未至其時故多微言不發至莊周乃盡發之故莊子天下篇徧抑諸子而推孔子爲神明聖王曰古之人其備乎配神明醇天地育萬物和天下澤及百姓明于本數係于末度六通四闢大小精粗其運無乎不在其尊孔子者至矣雖其徜徉游戲時亦有罵祖之言乃由于聞道既深有小天地玩萬物之志而謂孔子本末精粗無所不在則知一切皆孔子之創學莊子傳子贛微妙之說遺粗而取精亦不過孔子耳目鼻口之一體耳近者世近升平自由之義漸明實子贛爲之祖而皆孔學之一支一體也

○子贛曰夫子之文章可得而聞也夫子之言性與天道不可得而聞也高麗本漢書眭宏夏侯勝外戚傳皆引作不可得而聞已矣史記世家作弗可得聞也已

文章德之見乎外者六藝也孔子日以教人若夫性與天道則孔

子非其人不傳性者人受天之神明即知氣靈魂也天道者鬼神死生晝夜終始變化之道今莊子所傳子贛之學所謂量無窮時無止終始無故物無貴賤自貴而相賤因大而大之萬物莫不大因小而小之萬物莫不小因有而有之萬物莫不有因無而無之萬物莫不無明天地之理萬物之情不開人之天而開天之天者子贛驟聞而賛歎形容之今以莊子傳其一二尚精美如此子贛親聞大道更得其全其精深微妙不知如何也此與中庸所稱聲色化民末也上天之載無聲無臭至矣合參之可想像孔子性與天道之微妙矣莊子傳子贛性天之學故其稱孔子曰古之人其備乎配神明醇天地育萬物和天下澤及百姓明于本數係于末度六通四闢小大精粗其運無乎不在其明而在數度者舊法世傳之史尚多有之其在于詩書禮樂者鄒魯之士搢紳先生多能明之詩以道志書以道事禮以道行樂以道和易以道陰陽春秋

以道名分其數散于天下而設于中國者百家之學時或稱而道之天下大亂賢聖不明道德不一天下多得一察焉以自好譬如耳目鼻口皆有所明不能相通猶百家衆技也皆有所長時有所用雖然不該不徧一曲之士也判天地之美析萬物之理察古人之全寡能備于天地之美稱神明之容是故內聖外王之道闇而不明鬱而不發天下之人各爲其所欲焉以自爲方悲夫百家往而不反必不合矣後世之學者不幸不見天地之純古人之大體道術將爲天下裂按莊子所稱明而在數度者舊法世傳卽夫子之文章可得而聞也若性與天道則小大精粗無乎不在以莊子之肆恣精奇而抑老墨諸子爲一曲之士尊孔子爲神明聖王稱爲備天地之美稱神明之容又悲天下不聞性與天道不得其天地之純各執一端而孔子大道闇而不明鬱而不發其尊孔子如此非有所傳于性與天道不測孔子之所至若莊生者豈肯低首

服人哉易曰書不盡言言不盡意天下之善讀孔子書者當知六經不足見孔子之全當推子贑莊子之言而善觀之也

○子路有聞未之能行唯恐有聞

子路聞善卽行若未及行則皇皇唯恐有聞蓋力行之至神勇雷霆精銳冰雪聰明之甚記者摹寫其神志如此可知懦夫立志矣韓愈名箴勿病無聞病其曄曄昔者子路唯恐有聞赫然千載德譽愈尊以聞爲聲聞而恥其過情義必有本也

○子贑問曰孔文子何以謂之文也子曰敏而好學不恥下問是以謂之文也

朱氏曰孔文子衛大夫名圉凡人性敏者多不好學位高者多恥下問故謚法有以勤學好問爲文者蓋亦人所難也孔圉得謚爲文以此而已孔文子使太叔疾出其妻而妻之疾通于初妻之娣文子怒將攻之訪于仲尼不對命駕而行疾奔宋文子使疾弟遺

室孔姞其爲人如此而謚曰文此子贛之所以疑而問也孔子不沒其善言能如此亦足以爲文矣非經天緯地之文也

○子謂子產有君子之道四焉其行己也恭其事上也敬其養民也惠其使民也義

子產鄭大夫公孫僑恭謙遜也敬謹恪也惠愛利也使民義如都鄙有章上下有服田有封洫廬井有伍之類凡才臣之有政治者多短于道德望高則行己易驕矜功則事上或跋扈多爲國計則剝民以逞畏爲罪怨則立法不行惟子產免焉能克己以澤民合于君子之道也

○子曰晏平仲善與人交久而敬之

晏平仲齊大夫名嬰周生烈曰齊大夫晏姓平謚名嬰人新交則敬久則狎昵嫌疑易生惟平仲久交能敬故孔子善之以爲人道久交之法

○子曰臧文仲居蔡山節藻梲何如其知也

包咸曰臧文仲魯大夫臧孫辰文謚也居猶藏也蔡國君之守龜出蔡地因以爲名焉長尺有二寸居蔡僭也節者栭也刻鏤爲山梲者梁上楹畫爲藻文言其奢侈禮器家不寶龜臧文仲爲藏龜之室而刻山于欂櫨畫藻于梲爲天子之廟飾也當時以文仲爲知孔子言其不務民義而諂瀆鬼神如此安得爲知春秋傳所謂作虛器即此事也蓋愚人最尊鬼神故太古事鬼神之宮窮極奢麗自埃及波斯希臘之大廟莫不皆然吾遊印度見諸數千年大廟峻宇亘雲雕牆畫藻戶牖洞窗分寸皆刻瓌怪驚人羅馬之教堂高四十丈德國之教堂搆工八百年皆窮極雕鏤勞民事神此亦臧文仲之比孔子不以爲知也蓋孔子雖敬鬼神而以務民義爲主也

○子張問曰令尹子文三仕爲令尹無喜色三已之無慍色舊令尹

之政必以告新令尹何如子曰忠矣曰仁矣乎曰未知焉得仁
令尹官名楚相也子文姓鬭名穀字於菟佐莊王以成霸業其人喜怒不形公爾忘私國爾忘家其忠盛矣故子張疑其仁然其所以三仕三已而告新令尹者則以辭官出于自請而非無故而黜新令尹爲其所舉而非他黨乘權其事非難既非盡出于無私且日與其君伐人之國殘民以逞此仁者所不爲也昔柳下惠曰吾聞伐國不問仁人問猶不可況于伐乎亂世之人忠于其國則誠然若仁則關于公理宜孔子不許其仁也

高子弑齊君陳文子有馬十乘弃而違之至於他邦則曰猶吾大夫高子也違之之一邦則又曰猶吾大夫高子也違之何如子曰清矣曰仁矣乎曰未知焉得仁棄唐石經作弃卽古棄字今從之皇本作違之之至他邦
鄭注魯讀崔爲高則崔子乃古文也王充論衡曰仕官爲吏亦得高官將相長吏猶吾大夫高子也弑齊君雖左傳以爲崔杼然古

事不可知左氏乃僞古固相應不可信今從魯宋翔鳳過庭錄曰他國不必皆如崔杼之弒君當以高子爲是高國爲齊之世臣當先討賊而不能襄十九年傳齊崔杼殺高厚于灑藍從君于昏也蓋歎列邦執政無不從君于昏者齊君莊公名光陳文子亦齊大夫名須無十乘四十匹也違去也清潔也重賄人所難棄文子輕之未幾卽已返齊而未聞討賊之舉則不過不預亂事而已未能救君正國故孔子許其清而未許其仁然變亂之際利害甚大能如文子之棄官潔身不預亂事者吾見亦寡矣若夫捨身成仁以救君國此則孔子之所期望者夫

○季文子三思而後行子聞之曰再思可矣何本作再斯唐石經作再思吳志注諸葛恪引作再思皇本再思斯可矣則再下必有思字今從唐石經

鄭氏曰季文子魯大夫名行父每事必三思而後行若使晉而求遭喪之禮以行亦其一事也程子曰爲惡之人未嘗知有思有思

則爲善矣然至于再則已審三則私意起而反惑矣故夫子譏之

朱子曰季文子慮事如此可謂詳審而宜無過舉矣而宣公篡立文子乃不能討反爲之使齊而納賂焉豈非程子所謂私意起而反惑之驗與是以君子務窮理而貴果斷不徒多思之爲尙

○子曰甯武子邦有道則知邦無道則愚其知可及也其愚不可及也

甯武子衛大夫名俞按國語武子仕衛當文公成公之時文公有道而武子無事可見此其知之可及也成公無道至於失國而武子周旋其間盡心竭力不避艱險凡其所處皆知巧之士所深避而不肯爲者而能卒保其身以濟其君此其愚之不可及也孔子之道主仁不貴知巧而重愚忠甯武子之愚也其心衛之至仁也

○子在陳曰歸與歸與吾黨之小子狂簡斐然成章不知所以裁之史記世家不知上有吾字皇本裁之下有也字

此孔子周流四方道不行而思歸之歎也吾黨小子指門人之在魯者狂假犬之雄猛善發喻志大言大者簡大也斐文貌成章言其文學成就有可觀者裁割正也夫子周流四方欲撥亂反正以實行升平太平之治至是在陳終無所遇乃歸決欲成就後學以傳道垂教追念故國門人多遠志高才通學但患過中失正無人正之則流入異道故欲歸而裁之此道不行而思歸爲孔子傳教之大事也史記孔子居陳三歲會晉楚爭强更伐陳及吳侵陳陳常被寇孔子曰歸歟歸歟吾黨之小子狂簡進取不忘其初此蓋今文家敘在定公卒後孔子將六十時矣

○子曰伯夷叔齊不念舊惡怨是用希

伯夷叔齊孤竹君之二子釋文引少陽篇姓墨胎夷名允字公信齊名致字公達恐後人所附會孟子稱其不立于惡人之朝不與惡人言與鄉人立其冠不正望望然去之其嫉惡如此然其所惡

之人能改即止故人亦不甚怨之蓋夷齊惡其惡而非惡其人如雷霆之發過而無留空洞如天圓照如鏡人未有怨天恨鏡者也先祖連州府君曰舊惡宿怨也言夷齊不念宿怨若魏房景伯之待劉簡虎南齊王廣之之善待皇甫蕭史皆以爲不念舊惡也

○子曰孰謂微生高直或乞醯焉乞諸其鄰而與之

微生姓高名魯人素有直名者尾與微通漢書有尾生高尾生畮國策信如尾生高莊子淮南並載尾生與女子期不來而抱柱死事蓋亦諸子之盛名者醯醋也人來乞時其家無有故乞諸鄰家以與之夫是曰是非曰非有爲有無爲無曰直委曲應人有意徇物不得爲直觀人于其一介之取予而千駟萬鍾從可知焉又有微生畝者嘗譏孔子之佞而孔子疾其固蓋微生亦當時創教巨子立信直以爲行義者孔子窺其隱微而斥之無俾惑衆也

○子曰巧言令色足恭左丘明恥之丘亦恥之匿怨而友其人左丘

明恥之巨亦恥之

按此章爲古文僞論語劉歆所竄入也史記仲尼弟子傳無左巨明名史記稱左巨失明厥有國語則左氏名巨亦非名明也今左氏傳稱陳敬仲五世其昌稱魏萬諸侯之子孫必復其始又傳文終于韓趙魏之滅智伯孔子沒後二十八年魏氏爲侯孔子沒後七十八年田和簒齊和爲敬仲八世孫在孔子沒後九十五年旣非弟子孔子稱其盛德而自稱名當爲孔子前輩否亦孔子同時人何得後孔子百年猶在乎卽老壽亦安能爾其爲劉歆僞古文可斷矣蓋孔子改制三世之學在春秋皆弟子親傳其口說劉歆僞編左氏傳以攻公穀徧爲古證于諸經因竄巨明名于此以著左巨好惡與聖人同以惑後人以爲攻公穀計豈知左巨作國語而非傳經又不在七十子之列其詳見吾所撰僞經考論語如此僞文甚多當分別考之也非齊魯之舊應删附書末僞篇中

○顏淵季路侍子曰盍各言爾志子路曰願車馬衣裘與朋友共敝之而無憾顏淵曰願無伐善無施勞子路曰願聞子之志子曰老者安之朋友信之少者懷之唐石經無輕字後旁注本管子語北齊書唐邕傳引無輕字釋文皇邢疏無輕字盍何不也裘皮服敝壞也憾恨也伐誇也善謂有能勞謂有功施矜詡有德色之意孟子施施從外來是也卽易曰勞而不伐有功而不德之義老者養之以安朋友與之以信少者懷之以恩此明大同之道乃孔門微言也禮運孔子曰大道之行也與三代之英上未之逮而有志焉蓋孔子之志在大同之道不能行于時欲與二三子行之子路願與人同其財物故以車馬衣裘與人共貨惡棄地不必藏于己也顏子願與人同其勞苦所謂力惡其不出于身不必爲己也孔子與人如同體同胞同氣所謂天下爲公不獨親其親子其子老有所終壯有所用幼有所長也使普天下人各得其欲各得其所三者雖有精粗小大而其志在大同則一也大

同者孔門之歸宿雖小康之世未可盡行而孔門遠志則時時行之故往往于微言見之蓋人道之爭先從貨物始粒餱以愆豆觴致訟先自有吝心則生貪心合貪吝心則生鄙心詐心險心殺心無所不至矣故大同必自能捨財物始先絕貪吝之根乃可入大同之世也人心之壞從矜伐始伐善矜勞則有驕心責報心與己等者則有妒心忮心不報之則生仇心妒心仇心遂生殺心故大同必自忘勞始絕去驕妒責報之根乃可入大同之世也人各私其家老其老而不及人之老幼其幼而不及人之幼欺詐其交則多畛域彼疆爾界各不相顧則智愚強弱賢不肖貧富貴賤苦佚相去日遠相隔日絕人道多偏枯多險詖無由成公德合天親致平等共進化故有一夫不得所傷聖人之心害大衆之化故大同必老安少懷友信絕去僅私其家之事乃可成大同之道也

○子曰已矣乎吾未見能見其過而內自訟者也

包咸曰訟猶責也言人有過莫能自責內自訟者己不言而心自攻也人有過而能自知者鮮矣知過而能內自訟者爲尤鮮能內自訟則其悔悟深切而能改必矣夫子自恐終不得見而歎之其警學者深矣先祖連州府君曰凡人與人交爲人所侵犯凌辱者則與人訟凡訟盛氣至怒必不寬貸者求必勝而後已至魂與魄交內爲魄所侵犯凌辱則亦應訟于內以盛氣至怒必不寬貸務求勝而後已然天下人皆外見他人之過而外與之訟未嘗自見其過而內與之訟內外倒置輕重失所已矣乎者孔子歎其終不得見蓋訟過爲孔子一大義也按魂者明德甚淸魄者軀體甚濁人之有過魄爲之也此孔門高義學者宜參證焉

○子曰十室之邑必有忠信如丘者焉不如丘之好學也

此爲恃美質而不好學者進也十室小邑忠信生質之美也良材美質隨地皆有成就與否則視學與不學美質好學則窮極天人

而爲神聖恃質不學則浮沉混濁漸爲鄉人孔子自言質之忠信與常人同而好學異所以勉後學者至矣葢嘗論之人與物之異在傳學與不傳學也聖人與常人之殊在學之至極與不至也學之至極則神明變化無方無體至聖而不可知之神亦自學來耳

論語注卷之五終

門人贛縣王德潛初校

門人高要陳煥章覆校

門人番禺王覺任覆校

門人東莞張伯楨覆校

論語注卷五　四

論語注卷之六

南海康有爲學

雍也第六 皇疏言古論以雍也爲第三篇此僞本不足據足見古論之多變異而前儒亦有知爲僞本矣篇內第十四章以前大意與前篇同

凡二十八章

○子曰雍也可使南面仲弓問子桑伯子子曰可也簡仲弓曰居敬而行簡以臨其民不亦可乎居簡而行簡無乃大簡乎子曰雍之言然

南面者人君聽治之位言仲弓寬洪簡重有人君之度也子桑伯子說苑以爲不衣冠而處楚辭所謂桑扈臝行即莊周所稱子桑戶者與孟子反琴張爲友又作雩蓋亦當時創教巨子近于自由者可者可取而未盡善之辭簡者不煩之謂言自處以敬則清明在躬而行簡以臨民則事不煩而民不擾若先自處以簡所行又

簡無法度之可守不可行也神明疏放若伯子蓋近老氏之道孰簡御繁清靜爲治非不可也而無敬以直內則無整齊嚴肅以爲正修齊治之本此卽儒學與老學之異處仲弓蓋未喻夫子可字之意而其所言爲至理故夫子然之包咸曰可使南面者言任諸侯言仲弓之寬洪簡重才德可以君人書曰日嚴祗敬六德亮采有邦孔門論位但較德苟有其德仲弓可南面孔子可素王苟無其德桀紂可獨夫從政皆斗筲言其稱也荀子稱聖人之不得勢者仲尼子弓是也以聖人稱仲弓蓋荀子尊其本師亦見仲弓宜得勢與孔子同尊之至矣

○哀公問弟子孰爲好學孔子對曰有顏回者好學不遷怒不貳過不幸短命死矣今也則亡未聞好學者也皇本聞下有曰字釋文本或無亡字則字連下讀按亡字義複或當作無則可通耳

遷移也貳再也怒在物而不在已動以理而不動以氣故不遷怒

有不善未嘗不知知之未嘗復行故不貳過短命顏子早卒也不遷怒不貳過皆克己之學蓋人生而有魄陽曰魂魂爲精爽則神明魄爲氣質則粗濁凝滯故七情之發卒動于血氣揚奮纏結往往過分如風雨交加不擇而施必待氣過而後已而七情之中怒之發時尤難治也氣質或本于先天或根于父母或感于地氣或成于習俗既已濁滯則物欲感而過失易生拘牽則改變難而洗滌不易惟神明極清存養備至圓明淨照不介毫釐纖垢不侵光靈常耀如鏡照物光明自在妍媸各付而本體不動如日運行拒力甚大熱光常發而掩蝕難侵凡其神明之發及其存養之純雖其天姿之高亦由好學之篤七十子並皆高才好學但顏子新喪孔子愛惜最深言今也則亡蓋哀惜顏子之至讀者勿以辭害意可也天下之學甚多而孔子之稱好學專就克己言之佛氏之總旨在難降伏其心王陽明稱去山中賊易去心中賊難孔子之道

內聖外王原合表裏精粗而一之然治世究爲粗跡若養神明之粹精乃爲人道太平之根令人人神明清粹則人種自善而一切治法可去故孔子之重養神明尤甚也若顏子之不貳過則已優入聖域經累生積磨礲浸潤所至實非一時好學所强能孔子姑就哀公好學二字答之耳按家語以顏子三十二歲卒惟論語以顏子卒在伯魚後伯魚卒時孔子年六十九則顏子卒時孔子年已七十故天喪之痛與天祝道窮並稱必其時相近顏子少孔子三十歲則亦應四十歲也惟列子淮南後漢書郎顗皆以顏子爲年十八三國志孫登亦以顏子年未至三十三則王肅家語亦有自來豈天命亞聖以神童逝耶或以短命故而附會之也

○子華使於齊冉子爲其母請粟子曰與之釜請益曰與之庾冉子與之粟五秉子曰赤之適齊也乘肥馬衣輕裘吾聞之也君子周急不繼富原思爲之宰與之粟九百辭子曰毋以與爾鄰里鄉黨乎

子華公西赤也孔子弟子使爲孔子使也釜六斗四升包咸曰庾十六斗聘禮記十六斗曰籔十籔曰秉鄭玄注曰籔之文作逾逾庾通乘肥馬衣輕裘言其富也急窮迫也周者補不足繼者續有餘肥馬輕裘孔子言子華富不必增益非冉子之多與也孔子爲魯司寇時以弟子原憲爲家宰思憲字也粟宰之祿也九百不言其量不可考或以爲斗毋禁止辭五家爲鄰二十五家爲里萬二千五百家爲鄉五百家爲黨言常祿不當辭有餘自可推之以分鄰里鄉黨蓋夫子之使子華子華之爲夫子使義也且子華若貧孔子早有以賙其家不待冉子之請孔子知子華之富而後使之也而冉子乃爲之請聖人不欲直拒人故與之少以將意冉子未達而自與之多幾若孔子之吝矣原思爲宰則有常祿思廉節太過請辭其多故又教以分諸鄰里之貧者蓋義所宜與又非孔子之好施也記者見聖人用財有道或必與或不與非吝非施適當

乎義富者用之不必祿職所當受貧者不必辭人人周急不繼富則富不更富貧不至貧則財產均矣人人公其財于鄰里鄉黨而公產行矣凡此周急公財皆大同之道孔子無在而不發揮之也

○子謂仲弓曰犂牛之子騂且角雖欲勿用山川其舍諸

騂赤色周人尚赤牲用騂角角周正中犧牲也用用以祭也山川山川之神也言人雖不用神必不舍也先師朱九江先生曰犂伯牛名仲弓父也孔子合其名字而呼之王充論衡自紀篇曰鯀惡禹聖叟頑舜神伯牛寢疾仲弓潔全顏路庸固回傑超倫孔墨祖愚丘翟聖賢蓋漢人相傳如此劉峻辨命論曰冉耕歌其芣苢耕犂牛三者名字同義蓋伯牛有惡疾也孔子歎息伯牛之疾乃美其有賢子以慰之明仲弓才德潔全神必見祐必不因父疾而棄于世也朱子說謂仲弓父賤行惡蓋不考之甚今據漢儒今文家說以正之以見仲弓父子爲孔門高弟兩世德行之科馨香薦升

無與倫比不因惡疾而少損也

○子曰回也其心三月不違仁其餘則日月至焉而已矣

三月言其久也不違仁無纖毫佚慮私欲也少有私欲佚慮卽間斷矣能常惺惺神明光炯純固至矣此顏子資力純至假以壽命存養再熟卽渾然無間自爲聖人矣自餘七十子或至一日或至一月不能若顏子之久矣聖門七十子皆高賢然神明內功非持循勉强所能至在存養至熟涵游自然雖欲堅苦力持然一刻之間萬念紛起朋思憧憧能力持數刻不違仁已大難況一日乎學者試返照內觀當知七十子之不可及非獨顏子也此聖門教弟子專養神明比較功候之深淺操存舍亡之生熟凡馳心于外學粗迹者玩味此章知孔子之學爲何學也大學開口言明明德中庸開口言尊德性可以互證而知所嚮往矣

○季康子問仲由可使從政也與子曰由也果於從政乎何有曰賜

也可使從政也與曰賜也達於從政乎何有曰求也可使從政也與曰求也藝於從政乎何有皇本賜也達求也藝兩曰上有子字

從政謂爲大夫達謂通于事物之理藝謂多才能包咸曰果謂果敢決斷三子各擅所長此三長以之立教經邦無所不可于區區從一國之政何足以云蓋果則勇猛精進故佛氏最重金剛至通達事物之理得其所以然則大智洞照觸處皆破絕無障礙矣多藝通明亦扶助大道之器也

○季氏使閔子騫爲費宰閔子騫曰善爲我辭焉如有復我者則吾必在汶上矣釋文曰一本無吾字鄭本無則吾二字史記同

閔子騫孔子弟子名損少孔子十五歲魯人費季氏邑汶水名在濟南魯北境上季氏以費數叛慕閔子盛德欲閔子治之閔子不欲臣季氏令使者善爲己辭言若再來召我則當去之齊閔子爲德行高選樂道忘勢豈肯仕于權門惟盛名爲累辭避頗難勝之

仰藥于王莽任之佯狂于公孫剛則取禍柔則受辱若誤見縶維則難于中止于是子路不得其死冉有爲季氏附益矣若閔子先幾之決而辭避之婉其過人遠而高風猶可味焉吾門人麥孟華孺博短命死矣袁世凱欲用爲教育總長不受梁啟超屬焉乃告我曰袁世凱與先生電曰河汾弟子拔茅彙進使知弟子中亦有不可進之人袁兩欲見之即拂衣出京師若孟華之風節也亦庶幾汝上乎

○伯牛有疾子問之自牖執其手曰亡之命矣夫斯人也而有斯疾也斯人也而有斯疾也史記弟子傳曰命也夫斯人也而有斯疾命也夫或是别家或是約言

伯牛孔子弟子姓冉名耕有惡疾淮南子以爲癩也居北牖下君視之則遷于南牖下使君得以南面視己時伯牛家以此禮尊孔子孔子不敢當故不入其室而自牖執其手蓋與永訣也命謂天命言此人不應有此疾而今乃有之是乃天之所命也然則非其

不能謹疾而有以致之亦可見矣包咸曰牛有惡疾不欲見人故孔子從牖執其手也伯牛爲德行之高選蓋愛而痛惜之與之永訣命謂天命莊子所謂知其無可奈何而安之若命言伯牛有德不應有惡疾而竟有之是天命也包咸曰再言之者痛惜之甚孝經緯言三命曰善惡報也凡善人而遭惡命惡人而得善命蓋夙世所造而今受之故雖大賢不得免也

○子曰賢哉回也一簞食一瓢飲在陋巷人不堪其憂回也不改其樂賢哉回也

簞小筐食飯也瓢瓠也顏子之貧如此而樂道自娛不以窶空爲憂而改其樂蓋神明別有所悦故體魄不足爲累境遇不能相牽無入而不自得也佛氏所謂地獄天宮皆成佛土其類此乎故孔子再歎美之周子令人尋孔顏樂處蓋天人既通別有建德之國神明超勝往來無礙既不知富之可欣亦不知貧之可憂偶游人

境固不足爲累也

○冉求曰非不說子之道力不足也子曰力不足者中道而廢今女畫

朱子曰力不足者欲進而不能畫能進而不欲畫界也如畫界以自限也如篤于說道則如好貨好色竭盡其力而求之無有止境今自畫界限是先有退志非真說也冉子性退故孔子勉而進之

○子謂子夏曰女爲君子儒無爲小人儒

儒爲孔子創教之名春秋時諸子皆改制創教老子之名爲道與孔子之名爲儒墨子之名爲墨同墨子則即以墨爲教名故教名儒教行名儒行從儒之人名儒者猶從墨之人名墨者羣書以儒墨並稱者不可勝數韓非子顯學篇曰世之顯學儒墨也儒之所至孔丘也墨之所至墨翟也自孔子之死也有子張氏之儒有子思之儒有顏氏之儒有孟氏之儒有漆雕氏之儒有仲良氏之儒

有孫氏之儒有樂正氏之儒自墨子之死也有相里氏之墨有相夫氏之墨有鄧陵氏之墨故孔墨之後儒分爲八墨分爲三可知儒爲孔子創教至明莊子鄭人緩也爲儒其弟爲墨如爲僧爲道之義此言從教之人亦至明故墨子非儒篇專攻孔子墨子亦稱堯舜禹湯文武者而儒教爲孔子所創劉歆欲篡孔子之聖統假託周公而滅孔子改制創教之跡乃列儒于九流以儒與師並列稱爲以道得民自此儒名若尊而爲教名反沒矣惟儒中之品詣迥分有大儒聖儒賢儒名儒碩儒魁儒鉅儒君子儒也小儒纖儒偷儒小人儒也故孔子教子夏以爲君子儒無爲小人儒蓋子夏初從教爲儒時孔子勉而戒之若此後人不知儒義乃至從祀孔廟之諸賢亦僅稱先儒若僅儒而已則安知其爲君子小人耶

○子游爲武城宰子曰女得人焉耳乎曰有澹臺滅明者行不由徑非公事未嘗至於偃之室也正義耳他本作爾然唐宋石經宋本九經岳珂本皆作耳今從之

武城魯下邑澹臺姓滅明名字子羽孔子弟子徑祭義道而不徑蓋小而捷者公事如飲射讀法之類不由徑動必以正而無見小欲速之意可知非公事不見邑宰則其有以自守而無枉己徇人之私可見矣楊氏曰爲政以人才爲先故孔子以得人爲問如滅明者觀其二事之小而其正大之情可見矣後世有不由徑者人必以爲迂不至其室人必以爲簡非孔氏之徒其孰能知而取之史記以澹臺爲武城人少孔子二十九歲狀貌甚惡欲事孔子孔子以爲材薄既已受業退而修行行不由徑非公事不見卿大夫南游至江從弟子三百人設取予去就名施乎諸侯蓋孔子南派之大宗此子游觀子羽于微者非公事不至則陳民間利病而無干謁請託之私其舉動之正大風節之高心術之仁皆可見矣世之奔走權門者既卑鄙之可羞若絕跡公府以爲高者並民間關切之利害亦隱情惜己自高名節而不肯一詣有司是又爲名之

私多而于愛民之意少亦非仁人之用心也爲政在人得人則利弊可知是非可悉孔子首以得人爲問而子游不以奔走者爲賢朱子謂持身以滅明爲法可無苟賤之羞取人以子游爲法則無邪媚之惑

○子曰孟之反不伐奔而殿將入門策其馬曰非敢後也馬不進也

孟之反魯大夫名側反卽莊周所稱孟子反者是也伐誇功也奔敗走也殿鎮也軍後曰殿策鞭也戰敗而還以後爲功反奔而殿故以此言自揜其功也事在哀公十一年謝氏曰人能操無欲上人之心則人欲日消天理日明而凡可以矜己誇人者皆無足道矣然不知學者欲上人之心無時而忘也若孟之反可以爲法矣敗軍者爭歸恐後殿者勇不畏敵又有保全士卒之功在人必誇炫其長孟之反委于馬之不進勞而不伐有功而不德自同于人可以進大同之道故孔子深異之

○子曰不有祝鮀之佞而有宋朝之美難乎免於今之世矣

祝宗廟之官鮀衛大夫字子魚有口才朝宋公子有美色衰世不尚德而好諛好色有此佞美則人愛悅且但美而不佞猶入門見嫉必美而兼佞乃可以邀寵免禍非此難免蓋深歎之此蓋見衛靈公後有感之言

○子曰誰能出不由戶何莫由斯道也皇本戶下有者字

孔子創教自本諸身徵諸民因乎人情以爲道故曰道不可離蓋爲人道而異乎鳥獸道鬼神道也人行不能不由道人出不能不由戶極言不能離之意此孔子之道所以不可易也

○子曰質勝文則野文勝質則史文質彬彬然後君子彬說文引作份份當是古文今不從

包咸曰野如野人言鄙略也史者文多而質少蓋掌文書多聞習事而誠或不足也彬彬猶斑斑包咸曰文質相半之貌蓋學者或

近于質或近于文性各有偏皆當損有餘補不足令文質各半以忠信之質文以禮樂斯爲中和則成德矣此孔子論文質之界治世既主文則務宜進于文明三統成德則宜文質兩雜當令不忘本質此孔子意也

○子曰人之生也直罔之生也幸而免皇本無上之字論衡幸偶篇引此無而免二字幸與直對似確

凡物之生伏從旁折人生則直立端正故人之生有忠信之心是非之辨故直心乃人性之本無險詖之心詐僞之行誕欺之語人之神明所賴以純完魂氣所賴以不滅人交所以相信人道所以能存皆賴于直康强純固壽命克完順受其正全受全歸遂之于天生之理也包咸曰誣罔正直之道而亦生者是幸而免蓋直者受福罔者受禍天之道也其誣罔之人幸逃禍害而得全其生乃出于僥倖耳中庸君子居易以俟命小人行險以僥倖與論衡引

義罔之生也幸同義晉語德不純而福祿並至謂之幸言非分而得可慶幸也今東人以福爲幸福則小人儌倖所得豈爲福哉蓋失詞矣

○子曰知之者不如好之者好之者不如樂之者

譬之于味知者知其可食者也好者食而嗜之者也樂者嗜之愛悅者也知而不能好則是知之未至好之而未及于樂則是好之未深惟樂者深遠矣凡人事皆有是三等學道者亦然其不知者既不足以與此或者通達明澈知孔子大道之美可與共學矣但入慕道德亦出慕紛華知之矣未好之也其或篤信好學守死善道堅苦力索好之矣未樂之也玩味深長優游自得怡然理順忘憂忘年是樂之者知之者可欲之謂善好之者有諸己之謂信樂之者充實之謂美充實而有光輝之謂大也

○子曰中人以上可以語上也中人以下不可以語上也

人之材性萬品略區爲三自上智下愚外皆中人也如是者多立教者因材而篤當因中人之材性而教語之孔子之道本神明貫天地育萬物廣大精微本末精粗無所不有即其粗跡如升平太平之世太同之道亦欲盡人而教告之然精義妙道亦惟根性至上之人能聞之否亦須中人以上乃能領受苟非其人則聞之驚駭輕洩微言反爲無益或未至其時而妄行未至其地而躐等更滋大害且爲永戒雖精義妙道反因流弊而後不敢行若以天人之故而告愚人則誨之諄諄而聽之藐藐終日言而無聞佛與諸大菩薩言而初學菩薩無聞可證此也甚者驚怪其言若以鐘鼓享爰居必至悲憂眩視不食而死故聖人非靳于教也慮流弊也故人之材性各異神聖之教科亦各殊如大醫生藥籠無所不有亦必因人强弱而施之惟其不同乃爲適合此孔子之苦心救世而無可如何者乎

○樊遲問知子曰務民之義敬鬼神而遠之可謂知矣問仁曰仁者先難而後獲可謂仁矣

朱子曰民亦人也獲謂得也專用力于人道之所宜而不惑于鬼神之不可知知者之事也先其事之所難而後其效之所得仁者之心也古者好事鬼神孔子乃專務民義于古之多神教掃除殆盡故墨子亦攻儒之不明鬼也中國之不爲印度不日事鬼而專言人道皆孔子之大功也然高談不迷信鬼神者即拂棄一切則愚民無所憚而縱惡孔子又不欲爲之仍存神道之教以畏民心但敬而遠之包咸曰敬鬼神而不黷是也先難者克己濟衆也

○子曰知者樂水仁者樂山知者動仁者靜知者樂仁者壽

樂喜好也知者達於物理事理而周流無滯故樂水仁者安于義理天命而安固好生故樂山智者才智迸發如機軸轉運不能自已故動仁者神明元定如明鏡澄澈粹然無欲故靜動而周流自

得故樂靜而安固有常故壽包咸曰日進故動性靜者多壽考盡天下之美德不外慈悲智慧孔子兩爲形容學者實宜仁智兼修不可偏闕也

○子曰齊一變至於魯魯一變至於道

漢書地理志太公治齊修道術尊賢智賞有功故至今其土多好經術矜功名舒緩闊達而足智其失夸奢朋黨言與行繆虛詐不情瀕洙泗之水其民涉度幼者扶老而代其任其民好學上禮義重廉恥道則孔子所志之道也言二國之政俗有美惡故其變而之道有難易程子曰夫子之時齊強魯弱孰不以爲齊勝魯也然魯猶存周公之法齊由桓公之霸爲從簡尚功之治太公之遺法變易盡矣此言治法三世之進化也包咸曰齊魯有太公周公之餘化太公大賢周公聖人今其政教雖衰若能興之齊可使如魯魯可使如大道行之時蓋齊俗急功利有霸政餘習純爲據亂之

治魯差重禮教有先王遺風庶近小康撥亂世雖變僅至小康升平小康升平能變則可進至太平大同矣禮運稱大道之行與三代之英上未之逮而有志大道者大同之道也孔子志之久矣故望之當世惟齊魯二國可次第進化由據亂而升平由升平而太平也孔子期望之殷至矣

○子曰觚不觚觚哉觚哉

觚酒器韓詩外傳曰一升曰爵二升曰觚三升曰觶四升曰角五升曰散是時觚制已變觚之形失觚之實孔子正名之學不欲其有名無實觚哉觚哉言不得爲觚也蓋衰世禮樂皆有名無實萬事隳壞披書按圖則可觀核實求真則盡失故卽觚一器物以見其餘也鄙人常習禮及釋褐預禮部鹿鳴宴則薦棚木豆籩傾器乏之馬矢盈地人無赴宴者侑役攘之不勝觚哉之歎而憂中國之禮名存而實已亡也或說觚棱也破觚爲圜則不觚矣亦嘆有名

無實之意義同

○宰我問曰仁者雖告之曰井有仁焉其從之也子曰何爲其然也君子可逝也不可陷也可欺也不可罔也皇本仁下有者字其從之也也皇本作與

有仁之仁當作人古通之從謂隨之于井而救之也逝謂使之往救陷謂陷之于井欺謂誑之以理之所有罔謂昧之以理之所無蓋聖門多爲窮理之學好談問難以求理極如記之曾子問是也宰我智慧辨才聞孔子言仁而好之慮悲憫之窒礙難行因設難以窮其變不救人則非仁救人則喪己仁者當此事屬兩難天下事如此類甚多是非不易定從違甚難決蓋仁者日事悲憫以救衆生既救人則難于自全故佛氏有捨身飼鷹虎者既已爲仁勢必至此惟孔子抉天心握聖權乃能斷之孔子以人己同氣義當救人然必能救己而後能救人若先失己人安能救必在井上乃能救井下之人若從在井中同斃何益仁者雖切于救人而不私

其身然不如是之愚也不可陷不可罔仁者之先尚有學焉故曰好仁不好學其蔽也愚以仁爲主當以智爲役若但仁而不學亦不可行也佛耶爲高而難行孔子貴中而可行孔子與佛耶之異在此學者可留心參之

○子曰君子博學於文約之以禮亦可以弗畔矣夫釋文一本無君子字畔唐石經初刻作叛後磨改畔然畔叛通後漢書范升傳引此作叛

約要也畔違也君子知欲無方故于文物無不博行欲有方故其言動必範禮此則可以不背于道矣理極天人而束修節行蓋約禮而不博學則行弗著習弗察無以爲制作推施之本若博學而不約禮則放蕩縱肆大違于時出乎位而無所不至惟智周乎八表之外而躬循乎規矩之中智欲崇而禮欲卑斯無背道之患也

此章已見顏淵篇蓋孔子所雅言而弟子複記之也

○子見南子子路不悅夫子矢之曰予所否者天厭之天厭之

南子衛靈公之夫人有淫行孔子至衛南子請見孔子見之呂氏春秋淮南子鹽鐵論皆言孔子見南子爲行道子路以夫子見此淫亂之人爲辱故不悅矢誓也所誓辭也如云所不與崔慶者之類否謂不合于禮不由其道也厭棄絶也舊俗男女相見君夫人禮賓如今泰西儀自陽侯殺繆侯而娶其夫人故大饗廢夫人之禮自是男女別隔孔子以人權各有自立大同固可相見蓋特行之故見南子子路習聞小康之制以爲男女不當見尤疾淫亂之人因疑怪孔子蓋篤守小康者見大同之舉動無不怪也舊注以爲疑亦泥于小康之道故不能明蓋聖人蹤跡兼于三世故上下無常非爲邪進退無恒非離羣故曰聖而不可測之謂神子路朱子皆未之測何况餘子

○子曰中庸之爲德也其至矣乎民鮮久矣

中者無過無不及之名庸常也爾雅釋詁典彝法則刑範矩庸恒

律夏職秩常也故書篇多以典範法爲名至極也鮮少也孔子立教因乎人道于長短大小廣狹擇乎至中食味別聲被色行乎至庸當其宜者以爲至德而諸子紛紛創制民各有所從鮮能行此中庸之道因歎道久不行也

○子贛曰如有博施於民而能濟衆何如可謂仁乎子曰何事於仁必也聖乎堯舜其猶病諸夫仁者己欲立而立人己欲達而達人能近取譬可謂仁之方也已皇本如有作如能衆下有者字

博普也民人也衆物也病不足也博愛之謂仁蓋仁者日以施人民濟衆生爲事者子贛好仁而以孔子不輕許人乃窮極其量欲以施與人民救濟衆生廣博普偏無所不及庶得爲仁孔子以仁爲施濟之理若能博濟衆生令一夫無失其所一物皆得其生則非徒有仁人之心必有聖人之才有聖人之道神而不測乃可致也然且萬物並育而相害博施于民已極難博濟衆生爲尤難不

殺衆生之義亂世升平未能行之須至人人平等之後至人物平等之時太平世之太平乃能行之堯舜爲民主之聖人道太平之時猶未能行人物平等之道而戒殺放生故猶病諸也佛氏雖大仁欲早行濟衆生之事而時有未可卒不能也印度人見蟻亦不忍踐而日縱猛獸食人歲有虎狼之患未能保民何能躐等而濟衆生故太平大同之道普救生民乃孔子曰欲行之博濟衆生之義亦孔子欲行之于太平之後者而子贛驟欲行之進化有次第當據亂之世去此甚遠實未能一超直至也推己及人仁者之心譬喻也方術也近取諸身以己所欲譬之他人知其所欲亦猶是也然後推其所欲以及于人則恕之事而仁之術也程子曰醫書以手足痿痹爲不仁此言最善名狀仁者以天地萬物爲一體莫非己也認得爲己何所不至若不屬己自與己不相干如手足之不仁氣已不貫由不屬己也愚嘗論之天地萬物同資始于乾元

本爲一氣及變化而各正性命但爲異形如大海之分爲一漚漚性亦爲海性一漚之與衆漚異漚而無異海也但推行有次故親親而後仁民仁民而後愛物孔子以理則民物無殊而類則民物有異其生逢據亂只能救民未暇救物故卽身推恩隨處立達皆至人而止此非仁之志亦仁之一方而今可行者也仁者二人相人偶故就己與人言之立達者孟子所謂老吾老以及人之老幼吾幼以及人之幼推諸心加諸彼故推恩可以保四海不推恩不足以保妻子也以不忍人之心行不忍人之政皆從己立立人己達達人出孟子專言擴充眞得孔子之傳者也孔子言仁至多不易體會此章最明學者可留意焉

張伯楨監印

門人贛縣王德潛初校

門人高要陳煥章覆校

門人番禺王覺任覆校

門人東莞張伯楨覆校

論語注卷之六終

論語注卷之七

南海康有爲學

述而第七 此篇多記聖人謙己誨人辭及其容貌行事之實

凡三十七章 釋文舊三十九章當是六朝分子路問三軍爲一章也盧文弨謂朱子本三十八章而陸氏本四十章今言三十九章失于點對也

○子曰述而不作信而好古竊比於我老彭

包咸曰老彭殷賢大夫好述古事我若老彭祖述之耳孔子爲殷後故曰我大戴禮虞戴德呂氏春秋執一篇世本漢書古今人表與包咸皆以老彭爲一人惟鄭氏以老爲老聃彭作二人蓋古文僞說按此竄改之僞古文也雖非全行竄入則孔子以不作好古稱老彭而劉歆增改竊字原文或是莫比二字春秋緯曰天降演孔圖中有作圖制法之狀孔子仰推天命俯察時變却觀未來豫測無窮故作撥亂之法載之春秋刪書則民主首堯舜以明太平

刪詩則君主首文王以明升平禮以明小康樂以著大同繫易則極陰陽變化幽明死生神魂之道作春秋以明三統三世撥亂升平太平之法故其言曰文王既沒文不在茲又曰天生德于予雖藉四代爲損益而受命改制實爲創作新王教主何嘗以述者自命以老彭自比乎劉歆欲篡孔子聖統必先攻改制之說故先改國語爲左氏傳以奪口說之公穀公穀破而微言絕大義乖故自晉世公穀廢于學官二家有書無師于是孔子改制之義遂湮三世之義幾絕孔子神聖不著而中國二千年不嘗升平太平之運皆劉歆爲之劉歆既亂羣經以論語爲世所尊信因散竄一二條以附合其說惑亂後學茲罪之大不可勝誅也今古文異四百餘字此卽其竄改之迹也今正之

○子曰默而識之學而不厭誨人不倦何有於我哉

默寂也識記也倦勞止也默識謂而存諸心也性命之本明

德之靈天人之際不可以語言文也成性存存道義之門神而明之默而存之獨證獨悟靈明白既已得之已則服膺而不厭教人則無類而不倦雖然斯道也汝曰不息合同而化我雖樂在其中然實無聲無臭無證無得何有于我哉

○子曰德之不脩學之不講聞義不能徙不善不能改是吾憂也皇本每句下有也字

德必熏修而後成學必講習而後明見善能徙而後日進改過不吝而後日新苟未能之聖人猶憂此四學者切近日省之要不可不留意也董子曰强勉學問則聞見博而知益明强勉行道則德日起而大有功其徙愈多則上達愈上其改愈切則磨礲愈瑩其修講徙改無盡其憂亦無盡俛焉日有孶孶至于知天命耳順從心不踰矩而後已也學者苟一日不修德講學鄙欲滋生他憂將至矣

○子之燕居申申如也天天如也燕鄭本作宴後漢仇覽傳引亦作宴當是齊古文申申或作伸伸

燕居閒暇無事之時顏師古曰申申整勑貌漢安世房中樂歌勑身齋戒施教申申蓋約束義夭夭舒也詩舒夭紹兮或以申申爲舒失之矣此記聖人閒居氣象備極中和旣不局促亦不偷肆也

○子曰甚矣吾衰也久矣吾不復夢見周公皇本公下有也字釋文本或無復字

衰肌膚消也按論語一稱周公但曰才美周公之盛德不過纇本朝開國之攝政王孟子僅稱其兼夷狄驅猛獸耳孔子包舉百王民主稱堯舜君主尊文王羣經皆不甚稱周公亦不甚慕周公況至人無夢乎劉歆僞經皆託周公欲以易孔子故首以僞周禮託之周公因謂儀禮亦周公所作于易則稱爻辭爲周公所作爾雅又謂周公所作偏徵其文于羣書以[illegible]之唐時乃至尊周公爲先聖抑孔子爲先師謬甚矣此章[illegible]大義託之孔子夢幻特以尊周公抑孔子蓋劉歆竄入之僞也

○子曰志於道

志者心之所之道者身所當行孔子[illegible]定之道是也學者最患無志志不立則天下無可成之事若既有志則諸子紛綸又患惑于他途而不得見天地之容神明之美故必志于孔子內聖外王之道而後有定向而不隳邪趨也

據於德

據者持守也德者人所自得中庸言聰明睿智寬裕溫柔發強剛毅齋莊中正文理密察是也皐陶言九德洪範言三德此天命性中之明德神明之靈魂魄之精亟當服膺而弗失聖人所以異于常人有教人所以異于無教人者在此若不據守而失之則神明損隳永永沉淪此則諸教皆同而孔子尤切也

依於仁

依者如人之有衣也仁者人也二人相偶心中惻愷兼愛無私也

吾非斯人之徒與而誰與故人之不能離人猶人之不可離衣也故念念刻刻皆以悲憫爲事自親親而仁民自仁民而愛物凡身行之道心存之德皆以仁爲歸其量無盡其時無止永永依之而已蓋孔子之道德皆以仁爲主故歸本于仁也

遊於藝唐石經作遊

有道德仁爲本則學業才能亦不可缺近之以應世務遠之以窮物理內之以娛情性外之以張治教故藝者亦人道之要也游者如魚之在水涵泳從容于其中可以得其理趣而暢其生機此四者皆爲學之要論語記聖人之言開張萬法而本末兼該內外交養次序有倫莫若此章學者于此雖至聖人不難否亦不失爲聖人之徒矣

○子曰自行束脩以上吾未嘗無悔焉注誨魯讀爲悔今從古則是古文悔是今文今故改從悔然悔誨古通釋文引虞氏易慢盜

束約也修治也束身修行震无咎乎悔言戒慎恐懼內有不足時覺有悔恥人以束修飭可無悔以未嘗無悔明之至于寡悔則不踰矩矣先師朱九江先生曰列女傳秋胡婦云束髮修身鹽鐵論桑宏羊曰臣結髮束修延篤馬援杜詩傳並以束修爲年十五與漢書王莽傳自初束修伏湛傳自行束修迄無毀玷與鄭注同馮衍傳圭璧其行束修其心鄭均傳束修安貧恭儉節整漢謁者景君墓表惟君束修仁知幽州刺史朱龜碑仁義成于束修和帝紀束修良吏鄧后紀故能束修不觸羅網劉般傳束修有行胡廣傳使束修守善有所勸仰王龔傳束修勵節義並同字並與脩通用若檀弓少儀穀梁所云束修並以問人不以爲贄惟婦贄乃以脯修學者無之後儒誤以解此經則大謬古無是義也今正之先生從鄭讀以誨與悔通以人之品詣至多其中行狂狷之英才聖人固樂教之其次則凡束身修行之士來請問者聖人未嘗

不誨之蓋聖人有教無類其不屑之教誨者是亦教誨然雨露不能蘇已枯之草巧匠不能雕已朽之木苟無志向上雖誨何益惟必有可施教之地而後可望其有成也

○子曰不憤不啓不悱不發舉一隅而示之不以三隅反則不復也皇本高麗本蜀石經文選李善西京賦注隅下有而示之三字鄭注說則舉一隅以語之則鄭本亦必有而示之三字集解本脫今補之皇本則下有吾字

憤懣也心通而不能達悱方言愁悵也口欲言而未宣啓謂開其意發謂達其辭物之有四隅舉一可知其三反者還以相證之義鄭玄曰孔子與人言必待其心憤憤口悱悱乃後啓發爲之說也如此則識思之深也說則舉一隅以語之其人不思其類則不復重教之愚按此爲大道之深微言之[illegible]並記此欲學者勉于用力以爲受教之地也程子曰憤悱誠[illegible]見于色辭者也待其誠意而後告之既告之又必待其自得[illegible]告爾又曰不待憤悱而發

則知之不能堅固待其憤悱而後則沛然矣蓋道有盡人可語強人而告者若夫天人之際性命之微非俟其漸有證悟不能強告強告之亦無益故徐以待之蓋教亦多術不得不然者否則聖人有教無類誨人不倦豈不欲傾囊倒篋使天下人皆聞道成聖哉此與中人以下不可語上參觀之

○子食於有喪者之側未嘗飽也子於是日哭則不歌論衡引歌下有也字皇本日下有也字釋文舊別爲章今宜合前章

臨喪哀不能甘也哭謂弔哭一日之內餘哀未忘自不能歌也檀弓弔於人是日不樂曲禮哭日不歌于此可見聖人盡性之厚而處事之宜焉人道尚仁必有厚性乃可學道

○子謂顏淵曰用之則行舍之則藏唯我與爾有是夫子路曰子行三軍則誰與子曰暴虎馮河死而無悔者吾不與也必也臨事而懼好謀而成者也

尹氏曰用舍無與于已行藏安于所遇命不足道也顏子幾于聖人故亦能之萬二千五百人爲軍大國三軍子路自負將帥之才勇以行軍自許意夫子若行三軍必與己同暴虎徒搏馮河徒涉懼謂敬其事成謂定其謀言此皆以抑其勇而教之然行師之要實不外此驕師僨事勇將寡謀皆取敗之道也無經世之才則大用之而尸位素餐覆餗折足無養魂之道則進不見用卽嗟窮怨上干進逢時用之能行可撥天下舍之能藏若忘天下卷舒自在進退裕如非有聖人之才又有聖人之道者不能孔門諸賢惟顏子有之孔子喜之許其同已

○子曰富而可求也雖執鞭之士吾亦爲之如不可求從吾所好釋文一本無亦字之下有矣字皇本不可求下有者字

執鞭賤者之事舉世熙熙皆以求富身賤行無所不爲而卒未見得之者也蓋富貴在天得之不命焉或夙生積德而得之

非人力所能爲也而求者紛紛[illegible]衆其愚甚矣聖人託詞以
明其惑言富者之有益吾亦非不[illegible]也但知其不可求故不求耳
若使可求則辱身降志蒙詬忍尤躬爲執鞭之賤亦可屈而爲之
雖然辱身蒙耻而卒不可得則不如從吾所好之道猶得高尚而
不屈也言執鞭亦爲乃言語之妙爲抑揚極言富之必不可求以
發愚蔽耳若志士之不爲執鞭豈待于辨況聖人哉
○子之所慎齊戰疾 經典齋齊二文互見蓋古通
齋之爲言齊也將祭而齊其思慮之不齊者以交于神明也祭統
齊者不樂心不苟慮必依于道手足不苟動必依于禮韓詩外傳
居處齊則色姝食飲齊則氣珍言語齊則信聽思齊則成志齊則
盈誠之至與不至神之饗與不饗皆決于此戰則衆之死生國之
存亡繫焉疾又吾身之所以死生存亡者皆不可以不謹也夫子
無所不謹弟子記其大者耳神聖通于有無存亡死生之理非不

知魂氣歸于無國家不能常存人道不能長生而旣有鬼神國家人身則因而存之兢兢致愼此聖人之善于因也

○子在齊聞韶三月不知肉味曰不圖爲樂之至於斯也皇本韶下有樂字史記三月上有學之二字

圖計畫也不知肉味蓋神注于此則所忘在彼也韶爲舜樂蓋天下爲公太平之治大同之道孔子所神往者故贊歎觀止曰不圖至斯也

○冉有曰夫子爲衛君乎子贛曰諾吾將問之入曰伯夷叔齊何人也曰古之賢人也曰怨乎曰求仁而得仁又何怨乎出曰夫子不爲也釋文一本無將字皇本曰古之賢人也曰上有子字皇本高麗本考文引古本足利本左傳哀三年正義史記伯夷列傳索隱文選江淹雜體詩注又何怨下有乎字今從之

爲猶助也衛以世子蒯聵殺母逐之[illegible]立蒯聵之子輒晉趙鞅納蒯聵于戚石曼姑受靈公之命輔[illegible]圍戚時孔子居衛衛人以

蒯聵得罪于父而輒嫡孫當立故冉有疑而問之諾譍也伯夷叔齊孤竹君之二子其父將死遺命立叔齊父卒叔齊遜伯夷伯夷曰父命也遂逃去叔齊亦不立而逃之怨猶悔也君子居是邦不非其大夫況其君乎故子贛不斥衛君而以夷齊爲問夫子告之如此則其不爲衛君可知矣蓋伯夷以父命爲尊叔齊以天倫爲重其遜國也皆求所以合乎天理之正而卽乎人心之安既而各得其志焉則視棄其國猶敝屣爾何怨之有若衛輒之據國拒父而唯恐失之其與夷齊相反至矣公羊述孔子口說曰不以父命辭王父命以王父命辭父命是父之行乎子也不以家事辭王事以王事辭家事是上之行乎下也穀梁述孔子口說曰以輒不受父之命受之王父也信父而辭王父則是不尊王父也其不受以尊王父也孔子于春秋許輒義可立二傳同詞蓋春秋爲國嗣立法則以王父及天子之命爲重明法律可立輒國人得拒蒯聵若

輒自爲計則宜逃而讓之他子乃卽人心之安蓋春秋爲定法律論語爲陳高義此問衛君則聖人豈許拒父者義自不同或以論語折公穀又以公穀疑論語皆未知言各有當義各有爲也

○子曰飯疏食飲水曲肱而枕之樂亦在其中矣不義而富且貴於我如浮雲疏皇本作蔬

飯食也疏粗也糲食稷比稻粱爲糲肱臂上象形聖人無入不自得雖處困極而樂亦無不在焉其視不義之富貴如浮雲之無有漠然無所動于其中也程子曰須知所樂者何事神聖素位而行神明超然別有生天生地出入無窮之道故在貧而樂其視人間世不義之富貴若太虛浮雲忽聚忽散漠然無有也

○子曰加我數年五十以學亦可以無大過矣鄭注魯讀易爲亦

漢外黃令高彪碑括虛守約五十以學正從魯讀之句讀則漢人論語本無學易之說至明經傳易改碑文難竄亂也說文斆覺悟

也蓋爲學孜孜望有豁然證悟之一時乃不致終身誤入而後可以無大過矣惠棟曰君子愛日以學及時而成五十以學斯爲晚矣然秉燭之明尚可寡過此聖人之謙辭當是對老者勉勵之詞史記孔子晚而善易讀易韋編三絶曰假我數年若是我于易則彬彬矣未審是齊論否或亦劉歆所竄若今本論語作加我數年五十以學易可以無大過矣此爲劉歆古文論語竄改今考史記孔子世家編此章在自衞反魯刪詩書定禮樂之後作春秋之前朱子以爲年將七十此言五十則與世家說無關足證其爲劉歆竄改傅會之僞彬彬美善之至也蓋易之八卦畫自包犧六十四卦重自文王今文家司馬遷楊雄皆無異說故全易彖象繫辭文言皆孔子所作其說卦爲河內女子所得乃後出序卦雜卦爲劉歆所僞附見吾僞經考蓋孔子以道陰陽極天人窮未來之數發靈魂之變者其道奧深孔子方當撰著極深研幾恐壽命不永而

是書未成或雖成而未盡美善故撰著累易其稿至于韋編三絕而發假年之歎以期易之彬彬也劉歆既以左傳簒孔子之春秋又造僞說謂彖辭作于文王象辭作于周公孔子僅爲十翼故改曰學易以明易非孔子所作抑以無大過以明孔子之爲後學蓋欲篡孔子之易竄改論語傅會史記以證成之幸有魯讀及史記今文猶存猶得以證其僞亂俾大聖作易之事如日中天也

○子所雅言詩書執禮皆雅言也

雅素也執守也詩以理情性書以道政事禮以道行切于日用之實故常言之禮獨言執者以人所執守而言非徒誦說而已也程子曰孔子雅素之言止于如此若性與天道則有不可得而聞者要在默而識之也蓋易與春秋爲孔子晚暮所作詩書禮則早年所定故易與春秋晚歲擇人而傳詩書禮則早年以教弟子者然詩書禮皆爲撥亂世而作若天人之精微則在易與春秋孔子之

道本末精粗無乎不在若求晚年定論則以易春秋爲至也其後學荀子傳詩書禮孟子傳春秋莊子傳易其淺深即由此而分焉鄭氏曰讀先王法典必正言其音然後義全故不可有所諱後人以爲讀詩書必爾雅正音贊禮亦然不得用土音鄙倍者然鄭意正言者不過不諱耳

○葉公問孔子於子路子路不對子曰女奚不曰其爲人也發憤忘食樂以忘憂不知老之將至云爾皇本至下有也字史記世家其爲人也下有學道不倦誨人不厭二句

葉公楚葉縣尹沈諸梁字子高僭稱公也葉公不知孔子必有非所問而問者故子路不對抑亦以聖人之德實有未易名言者歟朱子曰未得則發憤而忘食已得則樂之而忘憂以是二者俛焉日有孳孳而不知年數之不足但自言其好學之篤耳然深味之則見其全體至極純亦不已之妙有非聖人不能及者蓋凡夫子

之自言類如此學者宜致思焉忘食則不知貧賤忘憂則不知苦戚忘老則不知死生非至人安能至此孔子世家以爲齊景公卒之明年孔子自蔡如葉葉公問政孔子年六十三四歲故云老

○子曰我非生而知之者好古敏以求之者也皇本敏下有而字

生而知之者神靈光明照燿如日不待學而知也敏勉也謂汲汲也尹氏曰孔子以生知之聖每云好學者非惟勉人也蓋生而可知者義理爾若夫禮樂名物古今事變亦必待學而後有以驗其實也

○子不語怪力亂神

聖人語常而不語怪語德而不語力語治而不語亂語人而不語神蓋人道視其稟聞一入腦根觸處發現終身不洗累生不解若聞怪力亂神之事卽腦中終身有怪力亂神之影至于生生世世觸根復發世無已時小說家多發怪力亂神之事小說大行于時

則近者有拳匪之亂故怪力亂神之事非理之正固深害乎人性即鬼神之迹雖非不正然令舉國若狂以供木石或方士以光影符術惑人亦非所宜也觀今印度奉神之多牽牛入廟刻象猴羊猪而事之民惑于鬼乃知孔子掃除之功也蓋怪力亂神者皆亂世之事至太平之世則不獨怪力亂無即神亦不神也孔子不語蓋爲人道預入太平絶其亂世之性根因預植太平世之善性也

漢書郊祀志引論語說無力亂字則怪神尤孔子所不道也

○子曰我三人行必得我師焉擇其善者而從之其不善者而改之

史記世家作必得唐石經皇本高麗本足利本釋文何注邢疏穀梁注並于三上有我字必有作必得史記同今從之集解本無我字作必有當誤

三人同行其一我也彼二人者一善一惡而見賢思齊見不賢而內自省則善惡皆我之師教學者以隨地隨人皆可得益也子產日其所善者吾則行之其所惡者吾則改之是吾師也

○子曰天生德於予桓魋其如予何

哀公三年孔子過宋與弟子習禮大樹下宋司馬桓魋欲殺孔子拔其樹孔子去弟子曰速之故孔子發其言以慰弟子包氏咸曰天生德者謂授我以聖性德合天地吉無不利故曰其如予何孔子自知已受天命爲改制之新王教主非賊臣所能害也

○子曰二三子以我爲隱乎吾無隱乎爾吾無行而不與二三子者是丘也

包咸曰二三子謂諸弟子聖人知廣道深弟子學之不能及以爲有所隱匿故解之言我所爲無不與爾共之者是丘之心蓋聖人動作語默無非至教視學者之能體會領悟以爲淺深高下焉不能體會則日語以天人之故而如不聞能領悟乎則灑掃無非至道本無精粗小大之可言也

○子以四教文行忠信

教人以學文修行存忠履信四者似淺而實人道所不能外者不語神怪而獨以四教此孔子之道所以爲中庸不可須臾離也既以行教更以忠信教者以行高或出僞爲惟忠信之人可以學禮故特立科而注重焉後儒有文無行或僞行無恆者可以警矣

○子曰聖人吾不得而見之矣得見君子者斯可矣子曰善人吾不得而見之矣得見有恆者斯可矣亡而爲有虚而爲盈約而爲泰難乎有恆矣後漢紀引亡作無釋文亡而爲有舊爲別章今宜與前章合今皇本正兩章合

聖人神明不測君子才德大成此以學言之善人者純善無惡有恆者有志不變此以質言之子曰字疑衍文虚空也盈滿也泰通也恆常久之意張子曰有恆者不貳其心善人者志于仁而無惡三者皆虚夸之事世人多有之于是有小人而冒爲君子惡人而僞爲善人即使一時或有志焉然既好虚夸必將僞襲不能爲有恆矣蓋深惡虚僞之人而發歎也學者自省有此虚僞否若有虚

僞終身不可與入聖人之門矣

○子釣而不綱弋不射宿

釣鈎魚也一竿釣綱者以大繩屬網絶流而漁者也弋以生絲繫矢而射也宿宿鳥日本物茂卿論語徵曰天子諸侯爲祭祀賓客則狩豈無虞人之供而躬自爲之所以敬也狩之事大非士所得爲故爲祭及賓客則釣弋愚謂天地者生之本衆生原出于天皆爲同氣故萬物一體本無貴賤以公理論之原當戒殺惟進化有次第方當據亂世時禽獸偪人人尚與禽獸爭爲生存周公以驅虎豹犀象爲大功若于時倡戒殺之論則禽獸徧地人類先絶矣孔子去周公不遠雖復愛物先當存人未能保人安能保禽獸故歲時制狩蒐之禮外以祭祀賓客內以習武禦外皆亂世不得已之事也孔子知其不可而時未能戒殺故爲之禁限釣而不綱弋不射宿皆于殺物之中存限制之法故爲制度不麛不卵魚鼈不

尺不食豺祭獸而後獵獺祭魚而後漁諸侯無故不殺牛大夫無故不殺羊士無故不殺犬豕庶人無故不殺牲又因其大小以爲殺之差蓋進化有漸進仁民有漸進愛物亦有漸進此皆聖人所無可如何欲驟進而未能者今已數千年尙未戒殺非徒不能不殺物人道尙相爭相殺其去衆生平等之世甚遠也他日大地皆一人民太平仁民之化既盡則當進至愛物是時害人之猛獸已盡無後不須殺戮競爭惟馴擾之生物若牛馬猴犬羊豕雞魚鳥之類則柵地以養之可資力作而供游玩死則埋之終其天年化學日精別製新品以代肉食既存仁愛之心又除血氣之慘斯時人物並育而不害衆生熙熙以登春臺乃爲太平之太平大同之大同孔子生非其時雖有是心而未能行佛氏大慈早行戒殺然發之過早未能行也印人染其風至不踐螘而歲爲虎狼食者萬數蓋未當其時而早行太平其失甚矣此孔子所以告人時中也

○子曰蓋有不知而作之者我無是也多聞擇其善者而從之多見而識之知之次也識音志

包咸曰時人有穿鑿妄作篇籍者故云然按春秋時諸子紛紛創教制作如荀子所譏墨子蔽于用而不知文宋子蔽于欲而不知得愼子蔽于法而不知賢申子蔽于勢而不知知惠子蔽于辭而不知實皆所謂不知而作者也孔子同時如子桑伯子蔽于簡而不知繁原壤蔽于放而不知禮棘子成蔽于質而不知文楚狂沮溺丈人蔽于隱而不知義微生畝蔽于固而不知行皆所謂不知而作凡後世之異端外道皆類是此莊子所謂如耳目鼻口僅明一義不能相通者也孔子仁智不蔽故無是其創教本末精粗六通四闢故學術足爲創教之先王也不知而作攻創教者之妄也此言上知之士其從教之士亦不擇其善否而妄從之其愚益甚當徧考諸教多聞多見合大地之知識參稽互證比較長短擇其

至善者而後從教其未善者但記之可也如此則不爲人所愚惑

雖非創教之上智亦爲知之次也

〇互鄉難與言童子見門人惑子曰人絜已以進與其絜也不保其往也與其進也不與其退也唯何甚潔唐宋石經作絜今從之說文無潔字鄉飲酒義鄭注絜清也朱子曰此章疑有錯簡人絜已以進與其絜也不保其往也十四字當在與其進也不與其退也唯何甚之前雖古無据然于文最順亦從之並注于此以存舊文

互鄉鄉名其人習于不善或者疑夫子不當見之也絜清治也與許也往前日也顧歡曰往謂前日之行夫人之爲行或有始無終或先迷後得教誨之道絜則與之往日之行非我所保蓋不追其既往不逆其將來以是心至斯受之耳大匠不畏枉木良醫不畏重疾聖人兼懷萬物容衆而矜不能有教無類欲普天下惡俗而悉化之此所以爲大教主也

〇子曰仁遠乎哉我欲仁斯仁至矣

仁者人也受仁于天而仁爲性之德愛之理卽己卽仁非有二也近莫近于此矣故欲立立人欲達達人反求諸身當前卽是而學者望而未見或誘爲遠永無至仁之地實無欲仁之心耳孔子斯言直捷指點俾天下人皆成仁人可謂大慈導引能近取譬矣學者其可負之乎包曰仁道不遠行之卽是

○陳司敗問昭公知禮乎孔子曰知禮孔子退揖巫馬期而進之曰吾聞君子不黨君子亦黨乎君取於吳爲同姓謂之吳孟子君而知禮孰不知禮巫馬期以告子曰丘也幸苟有過人必知之皇本進之爲進也取作娶

陳國名司敗官名卽陳楚之司寇也昭公魯君名稠習于威儀之節當時以爲知禮故司敗以爲問而孔子答之如此巫馬姓字期孔子弟子傳名施字子旗呂氏春秋漢書古今人表作旗旗期古通楚令尹子期亦作子旗司敗揖而進之也相助匿非曰黨禮不

娶同姓而魯與吳皆姬姓謂之吳孟子者諱之使若宋女子姓者然孔子不可自謂諱君之惡又不可以娶同姓爲知禮故代君受過蓋諱國惡禮也又不明言其故所謂萬方有罪在予一人聖人之道大而德宏如此春秋于昭公十年冬娶吳孟子之事諱而不書削冬字以誌之于哀公十二年但書孟子卒亦不著爲夫人以著不娶同姓之義傳曰男女同姓其生不繁日本皇族及王朝公卿皆娶同姓至今二千五百年皇族不過二十人其伯爵日野秀逸八百年之世爵也告吾曰吾國千年之世公卿凡二十家其人數少則十餘多無過六十者皆以娶同姓故人丁不繁不若中國用孔子制必娶異姓故人數四萬萬繁衍甲于大地今亦漸知不可多有娶異姓者矣歐人醫院所考姊妹爲婚多盲啞不具體摩西之約英法之律亦知禁娶姊妹爲妻而曾祖以外之親不禁故人數僅半中國若南洋非洲諸蠻夷兄弟姊妹相婚則其族類多

絕矣生理學之理桃李梅梨之屬以異種合者其產必繁碩味美雞羊牛馬之種以異種合者必碩大蕃滋蓋一地同種之物含氣無多取而合之發生自寡故自取其種不若合別種之生意尤多故娶異姓不如娶異鄉娶異鄉不如娶異邑異郡娶異邑異郡不如娶異國異種今地球大通諸種多合但當汰惡種而合良種耳若男女異姓則必不可改者故繫女以姓實明此旨今歐人婦從夫姓旣失自立之義又乖異姓爲婚之旨故中國之異姓爲婚而人類冠于大地此孔子之大功而不可易之要義也

○子與人歌而善必使反之而後和之

聲比于樂曰歌反復也必使復歌者欲得其詳而取其善也而後和之者喜得其詳而樂其善也此見聖人樂取人善樂與人同聖人氣象太和誠意懇至而謙遜審密不掩人善蓋一事之微而與人之雅樂人之善感人之心如此按天地之大德曰生故人道以

樂生爲主凡聖人之治教雖克己節欲之苦皆以爲樂而已樂莫著于樂蓋聲音之動暢于四支而適于魂靈故天下古今之樂皆託于音而五聲八音尤以人聲爲貴故曰絲不如竹竹不如肉後世以絲度調古人以竹度調而皆不如肉聲之歌爲美故歌者樂之祖樂之著也哥文從可可蓋必依永而後諧聲故孔子尙之詩三百五篇皆以爲歌求合于韶護象箾之音古音不可考乃能上如抗下如隊曲如折止如槀木纍纍如貫珠而廉肉節奏之聲涙乃能觸人耳而暢人魂但貴得于中聲不至噍殺煩促淫佚靡哀爲凶聲過聲斯人道之美不可廢也古音既廢而中聲猶可推求蓋大不過宮細不過羽得之今泰西好歌雖非中聲然甚高壯夏聲必大也明世崑曲亦庶幾焉墨子非樂不合人心天下不堪離于天下其去王也遠矣宋賢執禮甚嚴尊古太甚以古音既不可考乃並歌而廢之付之于優伶狎客莊士所不爲遂令中國廢歌

失人道養生之宜悖聖人樂生之道日尊孔子而暗從墨氏致人道大觳天下不堪此程朱之過也今當考中聲而復歌道以樂人生矣

○子曰文莫吾猶人也躬行君子則吾未之有得

文莫讀若黽勉莫亦勉也古音通蓋燕齊語也孔子謙言勉强行道已猶不後于人若躬行而爲君子則有志未逮雖勉强而未有得也猶言事父事兄未能皆聖人之遜詞所以勉學者于躬行也

○子曰若聖與仁則吾豈敢抑爲之不厭誨人不倦則可謂云爾已矣公西華曰誠唯弟子不能學也鄭注魯讀正爲誠今從古則正乃古文今改從魯

此亦夫子之謙辭也聖者神明人道之變化仁者元德博愛人道之備也爲之謂爲仁聖之道誨人亦謂以此教人也然不厭不倦非已有之則不能所以弟子不能學也可謂云爾已矣者無他之辭也公西華聞而歎之其亦深知夫子之意矣

○子疾病子路請禱子曰有諸子路對曰有之誄曰禱爾于上下神祇子曰丘之禱久矣鄭本無病字

包咸曰禱禱請于鬼神有諸周生烈曰言有此禱請于鬼神之事誄者累也累功德以求福上下謂天地天曰神地曰祇禱者悔過遷善以祈神之赦罪賜福也夫人苟有罪則豈一禱所能赦罪亦豈神祇所能赦罪人苟無功德亦豈禱所能邀福亦豈神祇所能錫福若有功德而無罪過則暗合神明雖不禱而禱已久矣何事于禱此爲世人日行惡而日禱神赦罪之無益不如日行仁而不禱之爲得也故以道治天下者其鬼不神其神不傷人故禱者據亂世之事而非太平世之事也

○子曰奢則不孫儉則固與其不孫也甯固孫卽遜

孫順也固陋也孔子尚文制禮從文若奢儉俱失中而奢之害大孔子生當據亂酋長之世時君大夫以奢相尚築臺鑿池皆役小

民雖以文王之靈臺靈沼號稱子來可謂德及民矣然猶不免役民其餘暴虐之長則妄用民力苟違民時民生日困無一非民膏民脂孔子惡之惡僭不遜也若華美而合于禮爲文而非奢孔子所尙矣後世已用雇役爲天下合計則財者泉也以流轉爲道若尙儉則財泉滯而不流器用窳而不精智慧窒而不開人生苦而不樂官府壞而不飾民氣偷而不振國家痿而不强孔子尙文非尙儉也尙儉則爲墨學矣後儒不善讀此章誤以孔子惡奢爲惡文于是文美之物皆惡之歷史所美皆貴儉德中國文物遂等野蠻則誤解經義之禍也且聖人之言爲救世之藥參朮之與大黃相反而各適所用孔子言各有爲但以救時孔子爲聖之時若當平世必言與其儉也甯奢故曰言不盡意又曰神而明之存乎其人故貴好學深思心知其意也

○子曰君子坦蕩蕩小人長戚戚鄭注魯讀坦蕩爲坦湯今從古則蕩乃古文今改從魯湯蕩古通

坦平也湯寬廣也詩子之湯兮長戚戚多憂懼君子樂天知命無入不自得故履險如夷見大心泰小人多欲營私日爲物役故患得患失疐後跋前其所以爲憂樂則知命不知命盡之遂爲君子小人之別也

○子温而厲威而不猛恭而安釋文一本作子曰皇本作君子又威而不猛無而字似誤

厲嚴整也凡人生氣質各有所偏毗柔毗剛鮮得中和毗柔者温和而失于不肅毗剛者威嚴而失于太暴若勉强恭恪則又失于拘束而不安適惟聖人全體渾然陰陽合德故其中和之氣見于容貌之間者如此門人熟察而詳記之亦可見其用心之密矣抑非知足以知聖人而善言德行者不能記學者所宜反復而玩心也

門人贛縣王德潛初校
門人番禺王覺任覆校
門人高要陳煥章覆校
門人東莞張伯楨覆校

論語注卷之七終

論語注卷之八

南海康有爲學

泰伯第八

凡二十三章

〇子曰泰伯其可謂至德也已矣三以天下讓民無德而稱焉德集解引王肅云無得而稱近世從之後漢書丁鴻傳延篤傳及鄭志引此作德釋文本亦作德則各本皆從德今從之

至德爲德之至極無以復加也無德而稱其遜隱微無迹可見也蓋太王三子長泰伯次仲雍次季歷季歷生子昌是爲文王有聖德太王有翦商之志而泰伯不從太王遂欲傳位季歷以及昌泰伯知之太王有疾泰伯即託採藥偕仲雍逃之荊蠻于是太王乃立季歷傳國至昌至武王而有天下論衡謂太王薨泰伯還王季辟主泰伯再讓王季不聽三讓曰吾之吳越吳越之俗斷髮文身吾刑餘之人不可爲宗廟社稷之主季歷乃受韓詩外傳與王充

合鄭注採藥不返太王歿季歷爲喪主一讓也季歷赴之不來奔喪二讓也免喪之後遂斷髮文身三讓也與史記合然泰伯避位未必復返則從鄭說爲宜使唐之建成元吉知此安有推及之禍于太王爲養志採藥而不奔喪于王季爲避迹嗣立而非內禪于商朝爲純臣斷髮文身不啻採薇叩馬矣不獨泰伯至德即仲雍亦至德此如夷齊同稱而單文多稱伯夷也其後諸樊餘祭競欲讓于季札亦至德之餘風所激歟

○子曰恭而無禮則勞愼而無禮則葸勇而無禮則亂直而無禮則絞葸說文無之當是今文字或謂當作緦荀子議兵篇諰諰然懼天下之一合而軋已也漢刑法志引作鰓葸畏懼貌絞急刺也無禮則無節文故有四者之弊恭愼勇直皆生質之美德然德則空虛無薄其施于人道之宜尚有太過不及之患必有禮以節之然後可行此聖人所由制禮而君子所貴隆禮由禮也不然則恭者見犬豕而拜之愼者一事不敢爲勇者動

輒稱戈作亂直者絞刺人短反不可行矣

○君子篤於親則民興於仁故舊不遺則民不偷［此當另爲一章脫子曰二字］

篤本作竺厚也包咸曰興起也君能厚於親屬不遺忘其故舊行之美者則民皆化之起爲仁厚之行不偷薄蓋風俗之厚薄化起于在上而推恩之次第先驗于親舊其所厚者薄而所薄者厚未之有其在上者厚而在下者薄亦無之也

○曾子有疾召門弟子曰啟予足啟予手詩云戰戰兢兢如臨深淵如履薄冰而今而後吾知免夫小子［說文启開也啟教也二字不同今通作啟說文誃讀如論語誃予之足誃當是古論今不從兢兢本或作矜矜］

鄭氏玄曰啟開也曾子以爲受身體于父母不敢毀傷故使弟子開衾而視之父母全而生之亦當全而歸之詩小旻之篇戰戰恐懼兢兢戒謹臨淵恐墜履冰恐陷也言此詩者喻已常戒慎恐有所毀傷周氏生烈曰乃今日後我自知免于患難矣言其保之之

難如此至于將死而後知其得免于毀傷也史記孔子以曾子能孝故作孝經以授之曾子終身蓋以孝謹自守者今大戴禮曾子十篇率皆守身之言其宗旨在此其力行亦在此孔子以凡物非父不生非母不生非天不生三合然後生全而受者當全而歸之故云身體髮膚受之父母不敢毀傷少有毀傷則無以對所生論傳體之義自爲完全非全身無以極其重曾子終身戒謹僅能全不敢毀傷之義然此義也不過孝之始而已蓋人之生也有神魂體魄專重神魂者以身爲傳舍不愛其身若佛耶回皆是也專重魄者載魄抱一以求長生若老學道家是也專重體者戰兢守身啟手啟足若曾子是也三者各有所偏孔子則性命交修魂魄並養合乎人道備極完粹然一傳而爲曾子即已偏于體魄如此夫形體者血氣所爲經三十日而血氣一變其舊者隨汗溺而盡銷其新者亦經歲月而頻化人生自少而壯自壯而老形色血氣不

知變化百千矣保無可保免無可免且父母之指爪洟唾皆父母之體也其生已棄之若其骨肉腐敗益無可保若埃及之木乃伊以奇藥全之可數千年終亦必毀故愛體魄者不過推愛之義如愛召伯者保其甘棠愛丈人者愛其屋烏愛父母者愛其遺體敬佛者重及佛骨云爾孔子兼備萬法無所不在不又云殺身以成仁見危授命戰陣無勇非孝乎不又云體魄則降知氣在上若魂氣則無不之乎不稱比干諫死爲仁乎曾子兢兢于保身至于垂没自是教之一義然亦偏矣若後儒說以曾子爲孔子正傳以爲孔子大道之宗則大謬也

○曾子有疾孟敬子問之曾子言曰鳥之將死其鳴也哀人之將死其言也善君子所貴乎道者三動容貌斯遠暴慢矣正顏色斯近信矣出辭氣斯遠鄙倍矣籩豆之事則有司存

孟敬子魯大夫仲孫氏名捷問之者問其疾也鳥畏死故鳴哀人

窮反本故言善此曾子之謙辭包咸曰欲戒敬子言我將死言善可用暴粗厲也慢放肆也信實也正齊莊也辭言語氣聲氣也鄙野也倍與背同謂背理也籩竹籩豆木豆禮器也言道之本末甚多而容貌顏色辭氣爲本當自己修之而籩豆器數爲末可付諸有司也禮冠義所謂禮義之始在于正容體齊顏色順辭令表記是故君子貌足畏也色足憚也言足信也曾子得之然將死時不待問而發論以爲道之所貴者乃僅在容貌不暴慢顏色宜莊正辭氣勿鄙倍三者此皆外身修飾之事無一性命之微言皆初學持循之功無一自得之受用卽使言出有爲或爲孟敬子而發則後世士夫能飾容色辭氣而心術險詖行詣卑污者多矣卽能此亦與色莊論篤者何異何足貴乎鄙人始讀見謂將死言善君子所貴鄭重出之如此以爲必有精義不意膚末若是宜葉水心以曾子爲未嘗聞道也今曾子十篇皆兢兢守身之言與此兩章意

義相合必非誣說蓋曾子之眞實心地刻苦工夫自爲篤信好學者然其所得品詣在善信之間于佛法中爲神秀與明儒康齋近人倭仁相類終日省身寡過而已其于充實光輝尙遠何況大化乎惜其親炙神明聖王而不得聞配神明育萬物六通四闢之道性天陰陽之理三世大同之法非斯人而誰與舉老少而安懷但知孝經守身僅聞孔子萬法之一端而已蓋曾子少孔子四十六歲當孔子夢奠之年僅二十七歲當顏子沒時僅十五歲故從游陳蔡皆不及與受業未知何年要其天資旣魯侍教不久所得不深此誠無可如何者也乃同學諸賢各傳教異國或爲卿相大夫自顏子伯牛子路宰我早卒子貢居衞子張居楚子夏居西河子游居吳澹臺游楚其居洙泗之故鄉因聖人之遺教收吾黨之狂簡嗣闕里之遺音終身講學老壽九十者惟有曾子故弟子最多在孔門靈光巋然最爲耆宿後生之從儒教者慕其盛名以爲孔

子大宗自皆歸之齊魯之間學者率出其門故後學獨稱曾子論語于顏子尙名之而于曾子稱子曾子之德望如此天下聞曾子之教者誤以爲孔子之道卽如是于是孔子之大道闇沒而不彰陋隘而不廣此孔教之不幸也子思之學出于子游荀子之言最可信據王肅不知考僞家語以爲子思學于曾子程朱誤信之又附會爲子思孟子之正傳以大學爲曾子之書與中庸論語孟子名爲四子于是曾子上列顏思爲四配爲孔道之正宗而天下學者益尊之于是中國之言孔學者僅在守身而孔子重仁之大道一切皆割棄甚至朱子見禮運之大同且疑之矣此則後儒輕說妄尊之罪而于曾子無與也以關學術之大不得不明正之

○曾子曰以能問於不能以多問於寡有若無實若虛犯而不校昔者吾友嘗從事於斯矣

包氏咸曰校報也言見侵犯不報人性各有長短故各有能不能

知也無涯學益不足故項橐可問芻蕘可詢皆有補于學問至于侵犯不校則大度如天至慈如父母聖人視天下皆孩之孩兒之犯何所校報蓋至人忘已大道無我誕登于岸虛與世遊更何有以一得自矜小技驕人睚眦必報者哉馬融謂友爲顏子然顏子没時曾子十五歲未必及同學也或追稱之歟抑孔門之高賢多矣何必顏子而後有是哉

○曾子曰可以託六尺之孤可以寄百里之命臨大節而不可奪也君子人與君子人也陸德明本作君子也無人字

鄭氏曰六尺十五歲以下其才可以輔幼君攝國政其節至于死生之際而不可奪可謂君子矣與疑辭也決辭設爲問答所以深著其必然也後世若諸葛亮當之矣攝政王多爾袞張居正亦庶幾焉則寄萬里之國命矣

○曾子曰士不可以弘毅任重而道遠仁以爲已任不亦重乎死

而後已不亦遠乎
包氏曰弘大也毅强而能斷也非弘不能勝其重非毅無以致其遠仁者人心之全德而必欲以身體而力行之可謂重矣一息尚存此志不容少懈可謂遠矣程子曰弘而不毅則無規矩而難立毅而不弘則隘陋而無以居之又曰弘大剛毅然後能勝重任而遠到仁者公德博愛無私萬物一體者人者仁也故人人皆有仁之責任人人皆當相愛相救爲人一日卽當盡一日之責無可辭避孔子曰鳥獸不可與同羣吾非斯人之徒與而誰與若卸人之責任中道退懈是不爲仁卽不得爲人也矣子贛曰大哉死乎君子息焉昔嘗編論語孔門諸子學案曾子之言皆守身謹約之説惟此章最有力眞孔子之學也其得成就爲孔學大派皆弘毅之功力肩孔道仁爲己任也易簀不昧死而後已也曾子蓋能行而後言者雖守約亦可法矣

○子曰興於詩立於禮成於樂

包氏曰興起也言修身當先學詩禮者所以立身樂所以成性詩本性情詠歎淫佚易于感人興起人心或發揚蹈厲或温厚纏綿必在于詩立必有節文度數人雖有良才美質必有禮以行之乃知所立故必在執禮大戴禮衛將軍文子篇吾聞夫子之施教也先以詩世道者孝弟說之以義而視諸體成之以文德體者禮也文德樂也樂有五聲十二律音聲之暢觸感魂靈干羽之綴發强形體蕩滌煩穢涵養中和流而不息合同而化欣喜懽愛中正無邪以調理性情和順道德必在學樂六經皆孔子所作以爲教而易春秋作于晚暮故早歲但以詩書禮樂教人而詩禮樂三者尤要程子曰古人之詩如今之歌曲雖閭里童稚皆習聞之而知其說故能興起今雖老師宿儒尚不能曉其義況學者乎是不得興于詩也古人自洒掃應對以至冠昏喪祭莫不有禮今皆廢壞是

以人倫不明治家無法是不得立于禮也古人之樂聲音所以養其耳采色所以養其目歌詠所以養其性情舞蹈所以養其血脉今皆無之是不得成于樂也是以古之成材也易今之成材也難愚觀泰西學校必有詩禮樂三者以爲學級人人童而習之其詩歌皆有愛國愛種興起其仁心其禮自飲食起居賓客軍國之禮皆熟習而有以固其肌膚之會筋骸之節以應人接事其樂則凡歌詞琴曲跳舞歲時皆習熟而有以陶暢其性靈舞蹈其手足故人多成材一切科學皆爲專門惟詩禮樂爲普通之學無人不習孔子之道乃大行于歐美而反失于故國也今學者更當光復故物以求成材矣

○子曰民可使由之不可使知之

鄭曰民冥也其見人道遠由從也言王者設教務使人從之若皆知其本末則愚者或輕而不行程子曰聖人設教非不欲人家喻

而戸曉也然不能使之知但能使之由之爾若曰聖人不使民知則是後世朝四暮三之術也豈聖人之心乎韓詩外傳詩曰俾民不迷昔之君子道其百姓不使迷是以威厲而刑厝不用也故形其仁義謹其教道使民目晰焉而見之使民耳晰焉而聞之使民心晰焉而知之則道不迷而民志不惑矣詩曰示我顯德行故道義不易民不由也禮樂不明民不見也詩曰周道如砥其直如矢言其易也君子所履小人所視言其明也孔子之欲明民至矣然中人以下不可語上禮緇衣曰夫民閉于人而有鄙心董子曰民者瞑也民之號取之瞑也孟子曰行之而不著焉習矣而不察焉終身由之而不知其道者衆也如以神道設教則民以畏服若明言鬼神無靈大破迷信則民無所忌憚惟有縱欲作惡而已故可使民重祭祀而鬼神之有無生死不必使人人知之凡此皆至易明者孔子曰道之不明也我知之矣智者過之愚者不及深憂長

歎欲人人明道若不使民知何須憂道不明而痛歎之乎愚民之術乃老子之法孔學所深惡者聖人偏開萬法不能執一語以疑之且論語六經多古文竄亂今文家無引之或爲劉歆傾孔子僞竄之言當刪附僞古文中

○子曰好勇疾貧亂也人而不仁疾之已甚亂也

好勇而不安分則必作亂惡不仁之人而使之無所容則必致亂二者之心善惡雖殊然其生亂則一也包氏咸曰好勇之人而患疾己貧賤者必將爲亂疾惡太甚亦使其爲亂按陳涉之輟耕隴上石勒之倚嘯東門好勇疾貧之亂也楊國忠之激怒安祿山李訓之欲誅仇士良皆甚疾不仁之亂也二者雖殊然足以致亂其罪均也

○子曰如有周公之才之美使驕且吝其餘不足觀也已皇本使上有設字已下有矣字吝本亦作悋

周書痞敬篇不驕不悋時乃無敵韓詩外傳周公踐天子之位七年布衣之士所贄而師者十人所友見者十二人窮巷白屋所先見者四十九人誡伯禽曰德行寬裕守之以恭者榮土地廣大守之以儉者安祿位尊盛守之以卑者貴人衆兵强守之以畏者勝聰明睿智守之以愚者善博聞强記守之以淺者智此周公之法故借以反言之周公多才多藝如創制指南車之類故稱才美驕矜誇也吝鄙嗇也矜誇鄙吝常人視爲小過而孔子最所深惡以其自私而背于公德反于大同令人道退化人羣不合故以爲大惡雖有周公之才美不能贖之以雖才美而不能公之于人智而不仁反是而思恭遜爲行已之門施捨爲待人之門苟能二德雖無才亦孔子所許矣一部論語稱周公只有此章但稱才美未歎至德然則後世以周公爲先聖至降抑孔子爲先師者足見劉歆作僞之惑矣

○子曰三年學不至於穀不易得也

鄭氏曰穀祿也隸釋漢孔彪碑龍德而學不至於穀浮游塵埃之外皭焉氾而不俗爲學之久而不求祿如此之人不易得也蓋學者之大患在志于利祿一有此心卽終身務外欲速其志趣卑污德心不廣舉念皆溫飽縈情皆富貴成就抑可知矣而人情多爲祿而學此聖人所由歎也朱子謂至當作志荀子正論其至意至闇也又曰是王者之至也楊倞注並云至當爲志疑古至志通也

○子曰篤信好學守死善道危邦不入亂邦不居

篤固也信之至極之謂好學者必以信之篤爲始不篤信則非眞好無以爲入道之門善其道者必死守之爲終不守死則不能善無以爲衛道之極此孔子教後學從教傳教之法蓋萬法皆起于篤信不信則一切無可學萬事莫堅于死守不死則一切無可守故佛之教人必在起信而從之堅耶之教人必以死守道而道大

行惜儒者之徒不能奉行所謂信道不篤焉能爲有無也危者勢將亡亂者政已亂國若此者入此居此皆無益必不能救徒喪其軀此梁鴻所以五噫管甯所爲遠避也此似智者之事人所易爲不知在危亂之邦者懷土爲安罕能遠去然因此或身汚僞命家人盡喪上無關於教中無益于國志士雖以死善道然去就不知夭其天年若龔生之徒死亦不可也若鄙夫懷祿貪于亡國之富貴者近如拳匪之變京師死者如麻既非維新以救國亦不能爭廢立以殉君敗名喪身驅若雞狗是自作孽也

○天下有道則見無道則隱邦有道貧且賤焉恥也邦無道富且貴焉恥也

潛夫論引此邦作國云衰世之士志彌潔者身彌賤佞彌巧者官彌尊見者樂則行之隱者憂則違之不易乎世不成乎名也若邦有道則披巖剔幹登明選公然而貧賤必無可用之才也若邦無

道則政以賄成官由諂得然而富貴必無能守之節也無才無節皆志士之所恥若以救國救民爲志者孔子所謂天下有道某不與易顔子所謂治國去之亂國救之醫門多疾庶幾有瘳此則以入地獄救人之心而非關富貴貧賤之事是又聖人大仁之地位而非中士所能學者自審其才德地位擇而行之孔子蓋多開藥方以待學者之服焉

○子曰不在其位不謀其政 皇本政下有也字

孔氏曰欲各專一于其職蓋司法者不問行政行政者不得問立法任兵農者不謀禮樂司禮樂者不問錢穀所以戒侵官越職也若夫議論政事則國者民衆之國也鄉校之議風詩之作乃聖人所特設固宜公議之者

○子曰師摯之始關雎之亂洋洋乎盈耳哉

師摯魯樂師太師摯也始樂之始亂樂之終樂記曰始奏以文復

亂以武又曰再始以著往復亂以飾歸蓋樂一成有四節有升歌有笙奏有閒歌有合樂升歌爲始合樂爲亂禮燕及大射皆太師升歌摯爲太師是以云師摯之始也合樂周南關雎葛覃卷耳召南鵲巢采蘩采蘋凡六篇而謂之關雎之亂者舉上以該下猶之言文王之三鹿鳴之三云爾升歌言人合樂言詩互相備也洋洋盈耳總歎之也自始至終咸得其條理而後聲之美盛可見言始亂則笙閒在其中矣孔子反魯正樂其效如此蓋尙同合愛莫尙于樂人道起化莫先于夫婦故正樂編詩先自關雎志和音雅以爲生民之始萬福之原夫先于婦男下于女矯亂世之弊崇平等之教平權和合故洋洋美盛也

○子曰狂而不直侗而不愿悾悾而不信吾不知之矣廣雅悾悾誠也子罕篇空空加也悾空古通呂氏春秋空空乎其不爲巧故也又與款通侗無知貌也莊子山木侗乎其無識書在後之侗卽僮之叚借愿

謹也包咸曰悾悾慤也狂侗悾皆質之愚者然愚人多直愿而信亦可節取若夫託狂以行奸極愚而妄詐以其資質之下加以心術之奸是眞無如何也吾不知之者蓋深絶之而不敢加一詞之謂

○子曰學如不及猶恐失之

皇疏繆協稱中正曰學自外來非夫內足恒不懈惰乃得其用言人之爲學當如追亡救火常患不逮以若是之時敏猶恐不能證悟不能據守旋得旋失之若夫優游暇豫作輟怠緩其必不能得可見矣此警厲學者之詞

○子曰巍巍乎舜禹之有天下也而不與焉

巍巍高大之貌不與猶不相關蓋至人之游于世間但以救人爲事不避貧賤勞苦亦忘其富貴尊榮故舜之鼓琴二女袗衣猶若固有禹之櫛疾風冒甚雨肌無肉脛無毛卑宮室惡衣服等于監

門若不知勞蓋行其救人之素志則一物不得所若已饑溺之然天下雖大自至人視之猶一吷也苟無此夙志大識則一命之榮震動其心死生其命矣況天下乎此實爲立憲君主之法雖有天下而實公天下故不與舜恭已垂裳南面無爲禹之勞爲公僕而不敢有君天下之心借舜禹以明之孔子之微言也

○子曰大哉堯之爲君也巍巍乎唯天爲大唯堯則之蕩蕩乎民無能名焉巍巍乎其有成功也煥乎其有文章說文有奐無煥字近人多据說文以攻論語今本然今論語多魯論今文若說文純乎古文不足据也

唯猶獨也則猶準也包氏曰蕩蕩廣遠之稱言其布德廣遠民無能識其名焉蓋莫大于天而堯與天準則蒼蒼無正色遠而無終極故無可形容也成功事業也煥光明也文章禮樂法度堯之德不可名所可名者其功業文章巍然煥然亦其粗跡蓋歎美之至也孔子志在大同天下爲公之世故最尊堯舜然神人無功至人

無名雖有非常之功業文章亦不過游化示現之粗跡于其至德無與也其示現之跡或以君而創民主之事或以民而爲教主之業廣大高明血氣尊親然聲色之化民末也上天之載無聲無臭微妙廣運無所不在爲太平世之民主可也爲亂世之君主可也爲選用舜禹皐陶益可也兼容共工驩兜可也龍蛇雜沓蘭艾並生此天所以爲大也來爲中國之聖人可也來爲此地之教主可也立法各不同魂身各不同去爲他地之教主可也魂氣無不之神明無不在在此地爲君主可也在他地爲教主可也聖而不可測之謂神此天之所以爲大而民所以不能名者故謂之堯者偶託焉爾

○舜有臣五人而天下治武王曰予有亂十人今本亂下有臣字釋文予有亂十人本或作亂臣十人非唐石經于尚書論語及左傳皆無臣字東晉僞古文亦無臣字今本皆有臣字乃後人據晉太誓後添今削之

孔子曰才難不其然乎唐虞之際於斯爲盛有婦人焉九人而已

五人禹稷契皋陶伯益亂治也馬鄭以十人謂周公旦召公奭太公望畢公榮公太顛閎夭散宜生南宮适其一人謂文母然武王得天下已八十餘太姒必不在必爲邑姜也九人治外邑姜治內北史齊后妃傳論武明追蹤周亂卽指神武妻婁氏則隋唐人亦以爲邑姜矣陶潛羣輔錄有毛公無榮公衛恒古文以婦人作殷人韓愈指爲膠鬲近人任啟運指漢石經作殷人則漢石經久無泰伯篇恐誤記也稱孔子者上係武王君臣之際記者謹之才難蓋古語而孔子然之也才者德之用也唐虞堯舜有天下之號際交會之閒言周室人才之多惟唐虞之際乃盛于此降自夏商皆不能及然猶但有此數人爾是才之難也夫人才有由人作者有由天生者文明盛學校備胎教先水地和殺亂之根絕仁智之業積則人種良而人才多若文明之化未盛學校之法未備胎教不先產地犖确舉世爭殺夙習愚頑則人種不良而人才難得其閒

有神靈聰敏馴齊者若瘠地之產木礱樹之結實雖有嘉穀碩果然而無多但有一二即稱嘉瑞也孔子生當亂世故歎息才難若此詩曰遐不作人故欲才之易全在作人而已

參分天下有其二以服事殷周之德其可謂至德也已矣釋文作參皇本亦作參後漢書伏湛傳文選典引注引亦作參今本作三非是皇本無之字

包氏咸曰殷紂淫亂文王爲西伯而有聖德天下歸周者參分有二而猶以服事殷故謂之至德周書程典解維三月既生魄文王合六州之衆奉勤于商鄭詩譜謂雍梁荆豫徐楊也蓋古者諸夏諸國並立其服事天子不過臣貢如今高麗安南琉球暹羅而已遼金興則高麗貢于遼金而不貢于宋吐蕃强則大理南詔林邑貢于吐蕃而不貢于唐北魏興則諸凉貢于魏而不貢于晉又如晉楚爭霸諸侯皆有朝貢非如今内地之莫不臣也周初千八百國盡歸文王者已千國所謂大邦畏其力小邦懷其德也故武王

孟津之會不期而會者八百國此皆久臣貢于周者文王若欲伐商如反掌耳然天與人歸而不取故孔子以爲至德孔子于書首堯舜于詩四始首文王皆明天下爲公之義孔子之不取天下亦所謂至德也孟子述之故稱堯舜文王最多此篇首泰伯終文王論語稱至德只此二人蓋孔子明公天下尙辭讓而惡爭奪之微旨也章首當有孔子曰三字與上文別爲一章

○子曰禹吾無閒然矣菲飲食而致孝乎鬼神惡衣服而致美乎黻冕卑宮室而盡力乎溝洫禹吾無閒然矣史記夏本紀作卑宮室致費於溝減史記爲今文則盡力或是古文然論有齊魯姑闕之

閒罅隙也文從月入門謂指其罅隙而非議之也菲薄也致孝鬼神謂享祀豐潔衣服常服黻說文市韠也上古衣皮知蔽前而已故市以象之祭服不忘本天子朱市諸侯赤市大夫葱衡士靺韐篆文改從韋從犮經典假從黻又爲芾爲紱列子作美紱冕上廣

一尺下廣二尺長三尺冕冠也夏曰收殷曰冔周曰冕皆同皆祭服也溝洫田間水道以正疆界備旱潦者也包咸曰方里爲井井間有溝溝廣深四尺十里爲成成間有洫洫廣深八尺禹奉身極儉樸而飾于宗廟朝廷者極文明不役民力以奉已故築宮極卑惟竭已力以濟民故于水利極精豐儉與人反而適得其宜安樂于已少而適得其公約已而豐施劬躬而勤民不以人君自侈縱故有天下而不與不以尙儉失文明故巍乎有成功煥乎有文章所爲無可議也然中國宮室卑污頗原于此其有峻宇雕牆者則役儒引以爲戒此未通古今之故也古者築城郭臺池皆役民力卽文王亦所不免秦始皇築長城萬里築阿房三百里皆役夫數十萬死者如麻漢武之築建章千門萬戶金人承露盤高五十丈北齊高洋之築鄴臺高二十六丈隋煬之築西苑二百里率皆役民爲之若使聖人再興借之則暴君民賊專制窮奢何所不至奢

者人情何待于勸進哉若後世已用雇役而君主已行立憲則國體所關文明所在以工代施愈能峻宇雕牆愈益窮民愈壯國體孔子若生當今日必大獎借之繁露三代改制質文篇孔子爲明堂已立三統之制其地統曰其屋卑污方其天統曰其屋高嚴侈員則何嘗必以卑宮爲是乎卑宮但據亂世之一統耳文明世則改之孔子聖之時者也故易曰觀其會通以行其典禮蓋惡人之泥于一端而生流弊也孔子萬法並陳故曰知時觀變矣

門人贛縣王德潛初校

門人番禺王覺任覆校

門人高要陳煥章覆校

門人東莞張伯楨覆校

論語注卷之八終

論語注卷八　四

張仲穆監印

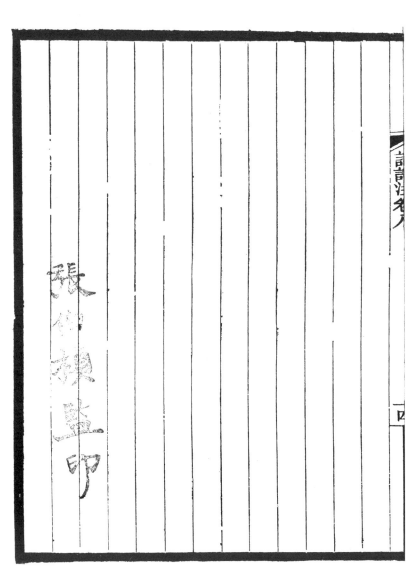

論語注卷之九

南海康有爲學

子罕第九

凡二十九章釋文云皇本三十章謂合不忮不求與上衣敝緼袍爲一章也朱子從之亦以爲三十章注疏古本三十一章當是析不忮不求以下爲一章然不如合之爲宜故仍以爲三十章

○子罕言利與命與仁達舊本以達字屬下章非

罕希也上與郎歟助辭達通也利者義之和命者天之命記者總括孔子生平言論最少言者莫如利最通達多言者莫如命與仁蓋命利仁三者皆人受于天以生無須與而能離者也然利者人所同好若再增長附益之則教猱升木相習成風恐因自利而生貪奪反以害人道矣故于繫易言利爲義和美利天下而宅經寡言之防流弊也蓋命則天賦于人貧富壽夭貴賤窮通各有定分雖有定命變命遭命之不同而莫非命也人能知命則自能順受

其正以樂天自不暇竭詐謀險詖以害人故命者人道自得之至理也人不能離羣獨處無在不與人交無處不與人偶與人交偶相親相愛則人道成相惡相殺則人道息故仁者人道交偶之極則也孔子嘉惠天下人以知命令其自得以敦仁令其處人蓋聖人言論雖多通達考之命與仁二者爲最也孔子言論最多幾無可尋其宗旨之要此章括論最爲得要舊本達字錯寫與巷黨相連遂若本章之稱孔子罕言命仁然考之論語孔子言命仁至多曰五十而知天命曰死生有命曰賜不受命曰道之將行也與命也道之將廢也與命也公伯寮其如命何其卒章更大聲疾呼曰不知命無以爲君子易言樂天知命故不憂窮理盡性以至于命子思述之曰居易俟命大德必受命孟子述之曰得之不得曰有命莫非命也順受其正知命者不立巖牆之下得之有命性也有命莊子述之曰父母豈欲我如是哉天地豈欲我如是哉然而至

此者命也夫楊子述之爲力命篇孝經緯述三命曰善惡報也此
爲孔子大義以令人安處善樂循理足以自得安分無求常教人
者徵羣經傳難以悉數墨子攻孔子者也特著非命篇以攻儒其
非儒篇曰强執有命以說議曰壽夭貧富安危治亂固有天命不
可損益窮達賞罰幸否有極人之知力不能爲焉羣吏信之則怠
於分職庶人信之則怠於從事不治則亂農事緩則貧貧且亂而
儒者以爲道教是賤天下之人者也又曰立命緩貧而高浩居是
若人氣鼸鼠藏而羝羊視賁彘起君子笑之怒曰散人公孟篇攻
儒亦曰貧富壽夭齰然在天不可損益又曰君子必學子墨子曰
教人學而詘有命是猶命人葆而去其冠也子墨子謂程子曰儒
之道足以喪天下四政焉以命爲有貧富壽夭治亂安危有極矣
不可損益也爲上者行之必不聽治矣爲下者行之必不從事矣
此足以喪天下程子曰甚矣先生之毁儒也儒墨相反相攻而墨

子之攻孔子以命爲儒者四義之一則命爲孔子特立第一大義至明矣若仁則尤爲孔子專特之義無往而非言仁者即論語言仁已四十二章若以爲罕言則孔子所多言者爲何也其說益不可通矣禮記曾子問篇稱孔子與老聃助祭于巷黨蓋巷黨爲魯地而達字屬此章至明論語之闕脫程朱所考者已多以寫官脫寫遂至孔子命仁兩義千載爲之不明仁之義尚不可掩命之義則宋賢怵于此章之義遂永沒孔子之大道遂割裂今特疏通證明于此

○巷黨人曰大哉孔子博學而無所成名舊本作達巷誤

巷黨魯地禮記曾子問孔子與老聃助祭于巷黨是也舊本作達巷脫上章之末字而連寫之今改正巷黨之人見孔子四通六闢無所不通因美其大而惜其博而不專無一專門擅長之名皇甫謐高士傳以巷黨人爲項橐國策淮南子論衡以項橐爲孔子師

史記世家以爲巷黨童子當是項槖也

子聞之謂門弟子曰吾何執執御乎執射乎吾執御矣

執專執也射御皆一藝而御爲人僕所執尤卑言欲使我何所執以成名乎然則吾將執御矣荀子曰天下之爲弓多矣而垂獨稱焉者垂之爲弓一也天下之爲樂多矣而夔獨稱焉者夔之爲樂一也天下未有兩而成者也行歧道者不至世愈文明則分業愈多博涉則必淺嘗專門乃能精詣至專精之至傳之子孫思之思之鬼神通之乃能制器利用利物前民惟神聖之才天資敏絶乃能多能多藝無所不通然不可以教人巷黨人知專精之義而以律聖人孔子欲厲專精之業而因以自承亦欲執一藝以爲專門蓋恐天下不能學已誤于博學而一無所成也

○子曰麻冕禮也今也純儉吾從衆拜下禮也今拜乎上泰也雖違衆吾從下

麻冕緇布冠也純絲也儉謂省約緇布冠以三十升布爲之升八十縷則其經二千四百縷矣細密難成不如用絲之省約臣與君行禮當拜于堂下君辭之乃升成拜按聘禮公食大夫禮外臣亦然不止本國之臣也泰慢也明事之易簡進化者可從衆事之慢泰違禮者不可從衆衆有得失當擇之也孔子之禮天子見三公下階見卿離席見大夫興席見士撫席君臣對拜已極平等之至幾過于今歐洲君臣矣但須下階待君辭乃升以爲恭讓乃少示君臣之敬耳孔子鑒于時弊而言之後世既非席地可無拜禮則古今不同可無議矣

○子絕四毋意毋必毋固毋我

意所也必適也固執也我己也印度古教有所教方教執教我教卽意必固我也孔子之道虛齋故無所住而絕迹孔子之道時中故無適莫而比義孔子之道渾圓故無可無不可而適宜至于我

性我質其癡執尤大一執于我卽背于公德失于圓理如耳目鼻口之各明一義而不能相通不能兼懷萬理凡諸教之意必固我皆大惟孔子無此四者所以超絕象外而無不包深入世中而無所滯也意或作億測教也莊氏存與曰智毋億先覺也義毋必義之與比也禮毋固時中也仁毋我與人爲善也亦可通但非所以論聖而不可測之神耳

○子畏於匡曰文王既沒文不在茲乎天之將喪斯文也後死者不得與於斯文也天之未喪斯文也匡人其如予何

畏者有戒心之謂匡地名史記云陽虎會暴于匡夫子貌似陽虎故匡人圍之包氏咸曰匡人誤圍夫子以爲陽虎陽虎會暴于匡夫子弟子顏剋時又與虎俱行後剋爲夫子御至于匡匡人相與共識剋又夫子容貌與虎相似故匡人以兵圍之文者文明之道統也春秋繼周文王有文明之道文王隱沒五百年文明之道統

大集于孔子後死者孔子對文王自謂也言天若絕文明之統則孔子自謂不得爲文明之教主天若未絕文明之統則我爲文明之教主匡人必不能違天相害春秋之始元年春王正月公羊傳曰王者孰謂謂文王也何休述口說曰文王者法其生不法其死與後王共之人道之始也王愆期曰文王孔子也蓋至孔子而肇制文明之法垂之後世乃爲人道之始爲文明之王蓋孔子未生以前亂世野蠻不足爲人道也蓋人道進化以文明爲率而孔子之道尤尚文明公羊先師口說與論語合符既皆爲今文家之傳又爲孔子親言至可信也蓋孔子上受天命爲文明之教主文明之法王自命如此並不謙遜矣劉歆以僞亂篡統一切歸之周公幾若孔子爲一好學美質之賢士大夫述而不作比于老彭觀此可證其謬

○太宰問於子贛曰夫子聖者與何其多能也子贛曰固天縱之將

聖又多能也子聞之曰大宰知我乎吾少也賤故多能鄙事君子多乎哉不多也牢曰子云吾不試故藝皇本太宰知我下有者字釋文牢曰另爲一章

大宰官名鄭氏謂吳大宰嚭見說苑善說篇與者疑辭將大也詩我受命溥將有娀方將是也論衡將且也大宰蓋以多能爲聖縱猶肆也言無限也言天縱肆其大聖之德又兼多能乃其餘事也聖而無不通也其多能非所以率人故又言君子不必多能以曉之牢孔子弟子鄭氏以爲子牢家語以爲琴牢衞人字子開一字子張而莊子孟子左傳作琴張同古今人表有琴牢王氏念孫据鄭氏疑僞家語以琴張爲另一人未審然否試用也言不爲世用故得以習于藝而多通之人之成就固有以退爲進者若令孔子生爲季孟定哀終身當國不過使魯强盛或朝諸侯有天下如堯舜而已安能爲百世教主乎觀子聞之言而益信也包氏咸曰少小貧賤常自執事故多能爲鄙人之事君子固不當多能言人宜

懷道若才藝則專一已足蓋生知不可以律人即多能不能以率衆故孔子遜言以謝亦欲使人專爲其所能爲無務博而無成致如鼯鼠有五技而窮也

○子曰吾有知乎哉無知也有鄙夫問於我空空如也我叩其兩端而竭焉皇本鄙夫下有來字孔注有鄙夫來問於我則必亦有來字

空空鄭作悾悾誠慤也大戴禮王言篇商慤女憧婦空空呂氏春秋空空乎其不爲巧故也叩訶也發動也端物初生之題焦氏循補疏曰蓋凡事皆有兩端楊朱爲我無君也乃曾子居武城寇至則去墨子兼愛無父也乃禹手足胼胝至於偏枯一旌善也行之則詐僞之風起不行又無以使民知勸一伸枉也行之則刁訴之俗甚不行又無以使民知懲一理財也行之則頭會箕斂之流出不行則度支或不足一議兵也行之則生事無功之說進不行則國威將不振凡若是皆兩端也而皆有宜得所宜則爲中孔子叩

之叩此也竭之竭此也舜執之執此也如答樊遲之問仁知兩端竭盡無餘蘊矣若夫語上而遺下語理而遺物則豈聖人之言哉有若無實若虛至極則相反物從無而生有理從有而歸無非有非無亦有亦無聲色之以化民末也有知乎哉上天之載無聲無臭至矣無知也故如天之空渾如鏡之空明物來順應因而附之眞空則一物不著至誠則鄙夫必盡大智則兩端竝竭兩端者有無陰陽上下精粗終始本末凡物必有對待故兩端盡之蓋語上而不遺下語理而不遺物語精而不遺粗語本而不遺末四照玲瓏八面完滿此孔子所以爲神聖也

○子曰鳳鳥不至河不出圖吾已矣夫史記孔子世家作河不出圖雒不出書吾已矣夫史記必是今文未知此是魯論抑齊論耳

鳳靈鳥雄曰鳳雌曰凰舜時來儀河圖河中龍馬負圖伏羲時出八卦是也已止也易繫辭河出圖洛出書聖人則之禮禮器河出

馬圖書顧命有河圖漢書五行志及論衡皆以爲伏羲氏時河水出圖則之而書八卦國語周之興鸑鷟鳴于岐山墨子非攻篇天命文王伐殷有國泰顛來賓河出錄圖論衡問孔篇引此曰夫子自傷不王也已王致太平太平則鳳凰至河出圖矣董仲舒對策引此曰自悲可致此物而身卑賤不得致也易坤鑿度仲尼偶筮其命得旅泣曰天也命也鳳鳥不至河無圖至與董王說同論語素王受命讖大聖不虛生必有所制法垂教而天瑞又必應之其後麟至鳥銜書爲演孔圖遂作春秋蓋作三世法于來者焉

○子見齊衰者絻衣裳者與瞽者見之雖少必作過之必趨冕鄭本作弁鄭云魯讀弁爲絻說文冕或作絻何晏本依包咸作冕或齊讀今不從少史記引作童子

齊衰衰之緝者蓋輕于斬衰之喪冕冠也衣上服裳下服冕而衣裳大夫以上之盛服也瞽無目者作起也趨疾行也或曰少當作坐包氏咸曰冕者冠也大夫之服瞽盲也作起也趨疾行也此夫

子哀有喪尊在位恤不成人蓋孔子因人道之宜順人情之安所謂人倫之至也後之教主言人格者無以尙諸

○顏淵喟然歎曰仰之彌高鑽之彌堅瞻之在前忽焉在後隸續嚴發碑鐫堅仰高則鐫當是齊魯論之一文

喟歎聲鑽所以穿也堅剛也仰彌高不可及鑽彌堅不可入在前在後恍惚不可爲象此顏子深知夫子之道無窮盡無方體而歎之也古今爲孔子贊者多矣宰我則稱賢于堯舜子贛則稱百王莫違子思則稱發育萬物峻極于天莊子則稱配神明醇天地育萬物六通四闢小大精粗其運無乎不在顏子則稱仰彌高鑽彌堅瞻之在前忽焉在後五子皆善言德行者然雖極力鋪寫終不若顏子之形容矣次則莊子次則子思次則子贛次則宰我若顏子之所形容所謂聖而不可測之謂神今者于春秋得元統三世讀禮運知小康大同讀易而知流變靈魂死生陰陽二千年鑽仰

未得者今又新出尚不知孔子更有幾許無窮無盡新理爲我所鑽仰未得之者耶以聞一知十親炙既久之聖尚鑽仰不得前後恍惚而謂數千年之後于書不盡言言不盡意之餘吸啜糟糠而得其精英斷其定案其可盡得乎天生大聖以莊子顏子之聰明不可測知吾亦只得曰不可測知而已

夫子循循然善誘人博我以文約我以禮欲罷不能既竭吾才如有所立卓爾雖欲從之末由也已循循鄭注及後漢趙壹傳注引作恂恂蔡邕姜伯淮碑後漢郭泰傳論李膺傳注吳志步騭傳宋書禮志載晉袁瓌疏南史王琳傳魏書高允傳賈思伯傳隋書煬帝紀孟子明堂章指並與鄭同末由史記世家引作蔑繇

循循恭順有序貌誘訢羨導進也言夫子道雖高妙而教人有序博文致知格物也約禮克己復禮卓特立超絶也末無也此顏子自言其學之所至也凡學道者相引彌深相望不遠自有欲罷不能之境至于步趨俱及心力並盡忽而臨深崖望大海蹤跡既絶

行地皆無劃然豁然躊躇四顧化人當前卓爾高蹈淩空步虛中天迴顧可見而不可及可望而不可到欲從末由自崖而返顏子自此遠矣所謂大可爲也化之之聖聖而不可測之神則不可爲此顏子學道之深親見化人之境而自言之然則孔子之爲化人神人顏子實言之矣

○子疾病子路使門人爲臣病間曰久矣哉由之行詐也無臣而爲有臣吾誰欺欺天乎且予與其死於臣之手也無甯死於二三子之手乎且予縱不得大葬予死於道路乎

包曰疾甚曰病孔子嘗爲大夫可有家臣時已去位子路欲以家臣治其喪其意實尊聖人而未知所以尊也病間少差也病時不知既差乃知其事言我不當有家臣人皆知之不可欺也而爲有臣則是欺天而已引以自罪其責子路深矣無甯甯也大葬謂君臣禮葬死于道路謂棄而不葬孔子貴天爵而不貴人爵爲教王

而不爲人王故言不欲死于臣手而欲死于二三子之手孔子重䰟而輕魄但免棄而不葬而不貴大葬雖辭立臣而大義實在此

○子贛曰有美玉於斯韞匵而藏諸求善賈而賈諸子曰賈之哉賈之哉我待賈者也匵本又作櫝漢石經沽作賈今不從沽從石經作賈白虎通商賈篇後漢書張衡傳注逸民傳注文選琴賦注竝引作價

韞藏也匵匱也沽賣也包氏咸曰沽之哉不衒賣之辭我居而待賈賈與價通子贛以孔子有道不仕故設此二端以問也君子未嘗不欲仕也又惡不由其道士之待禮猶玉之待賈也不枉道以從人衒玉而求售也

○子欲居九夷或曰陋如之何子曰君子居之何陋之有

皇疏東有九夷一玄菟二樂浪三高麗四滿飾五鳧更六索家七東屠八倭人九天鄙後漢書東夷傳夷有九種畎夷干夷方夷黃夷白夷赤夷玄夷風夷陽夷欲居之者亦乘桴浮海之意所過者

化所存者神也萬物一體天下一家太平之世遠近大小若一其始夷夏之分不過文明野蠻之別故春秋之義晉伐鮮虞則夷之楚子入陳則中國之不以地別但以德別若經聖化則野蠻進而文明矣孔子日思以道易天下既不得于中國則欲闢殖民之新地傳教諸夷聖人但欲開化救人無所擇也

○子曰吾自衞反魯然後樂正雅頌各得其所皇本反下有於字

魯哀公十一年冬孔子年六十九自衞反魯見道不行決不再出乃始撰定六經以垂教後世而先修詩樂蓋必先正樂雅頌乃得所又周流四方徧考古今之樂然後能定中聲如今者亦必徧游歐美盡聆樂音乃能正樂也經史問答云正詩乃正樂中事蓋正樂之條目多有正其僭者如宮縣不應用於諸侯曲縣不應請于大夫舞佾歌雍皆是也有正其有司之失傳者如大武之聲淫及商是也有正其節奏之紊者如翕純皦繹之條理是也有正其聲

而黜之者如鄭衛齊宋四聲以及北鄙殺伐之響是也有正其容者如大武之致左憲右是也有正其器者如歌韶必以首山之竹龍門之桐是也有正其名者如大武之樂據泠州鳩語別有四名疑其不可爲據是也包氏愼言敏甫文鈔云論語雅頌以音言非以詩言也樂正而律與度協聲與律諧鄭衛不得而亂之故曰得所詩有六義曰風曰賦曰比曰興曰雅曰頌而其被之于樂則雅中有頌頌中有雅風中亦有雅頌詩之風雅頌以體別樂之風雅頌以律同本之性情稽之度數協之音律其中和平者則俱曰雅頌焉云爾揚雄法言曰或問五聲十二律也或雅或鄭何也曰中正爲雅多哇爲鄭請問本曰黃鐘以生之確乎鄭衛不能入也由是言之樂有樂之雅頌詩有詩之雅頌二者固不可比而同也七月邠風也而籥章吹以養老息物則曰雅吹以寒暑則曰頌一詩而可雅可頌邠風然知十五國亦皆然也大戴禮投壺云凡雅二

十六篇鹿鳴貍首鵲巢釆蘩釆蘋白駒伐檀騶虞八篇可歌鵲巢釆蘩釆蘋伐檀騶虞此五篇皆風也而名之爲雅者其音雅也投壺又云八篇廢不可歌七篇商齊可歌商頌也齊風也而皆曰雅由是言之雅頌者通名也漢杜夔傳雅樂四曲有鹿鳴伐檀騶虞文王墨子謂騶虞爲文王之樂與武勺並稱則風詩之在樂可名雅而又可名頌矣淮南泰族訓曰雅頌之聲皆發于辭本于情故君臣以睦父子以親故韶夏之樂也聲乎金石潤乎草木然則韶夏亦云雅頌豈第二雅三頌之謂哉又曰言不合乎先王者則不可以爲道音不調乎雅頌者不可以爲樂然則雅頌自有雅頌之律性情正音律調雖風亦曰雅頌性情不正音律不調卽雅頌亦不得爲雅頌後世非無雅頌之詩而不能與雅頌並稱者情乖而律不調也太史公樂書曰凡作樂者所以節樂君子以謙退爲禮減損爲樂其如此也以爲州異國殊情習不同故博釆風俗協比

聲律以補短移化助流政教天子躬于明堂臨觀而萬民咸滌蕩邪穢斟酌飽滿以飾厥情故云雅頌之音理而民正夫州異國殊風也天子博采而協比以音律則俱曰雅頌樂之雅頌其果以詩分乎不以詩分乎樂書又言天子諸侯聽鐘磬未嘗離於庭卿大夫聽琴瑟之音未嘗離於前所以養仁義防淫佚也夫淫佚生於無禮故聖人使耳聞雅頌之音目視威儀之禮由是言之樂之雅頌猶禮之威儀威儀以養身雅頌以養心聲應相保細大不踰使人聽之而志意得廣心氣和平者皆雅頌也以詩之雅頌爲樂之雅頌則經傳多格而不通矣樂記曰故人不能無樂樂不能無形形而不爲道不能無亂故制雅頌之聲以道之周南召南莫非先王所制則莫非雅頌也非先王所制而本之性情稽之度數協之聲律不悖於先王者聖人有取焉史記儒林傳言詩三百五篇孔子皆絃歌之以求合乎韶武雅頌之音三百篇之於雅頌不必盡

合也其合乎雅頌者卽謂之雅頌故伐檀也齊也亦曰雅大戴所言杜夔所傳豈盡謬哉漢書禮樂志云周衰王官失業雅頌相錯孔子論而定之故曰吾自衛反魯然後樂正雅頌各得其所班氏所謂雅頌相錯者謂聲律之錯非謂篇章錯亂也所謂孔子論而定之者謂定其聲律非謂整齊其篇次也子曰師摯之始關雎之亂洋洋乎盈耳哉關雎篇次非有所錯然洋洋之盛必待孔子正樂之後蓋自新聲既起律音以乖先王雅頌皆因之以亂詩則是也聲則非也故曰惡鄭聲之亂雅樂也淮南曰先王之制法也因民之所欲而爲之節文者也因其好色而制婚姻之禮故男女有別因其好音而正雅頌之聲故風不流關雎葛覃卷耳正所謂節而不使流者也然使以鄭聲絃之歌之則樂者淫哀者傷矣明乎此而雅頌之不係乎詩可知得所之非整理其篇章亦可知按古詩三千餘篇孔子删之定之旣取其義之合于人道者又協其聲

使合韶武箾濩之音蓋皆孔子修正或新製晉荀勗梁武帝隋萬寶常之八十四調猶存遺製耶律德光破東京得唐之雅樂而宋人不復見之于是孔子之樂亡矣吾嘗以周儢俿尺製十二笛度八十四調則笛孔相距甚遠乃知古人手指甚長今不能復之矣今歐美之琴凡七調高下長短淸濁皆備其絃八十五其中半音三十五得八十四調之意歟何其闇合也

○子曰出則事公卿入則事父兄喪事不敢不勉不爲酒困何有於我哉

困亂也說見第七篇然此則事愈卑而意愈切矣天旣生人則有人之任不可逃我受天之命而爲人則當盡人之道不可棄若欲逃棄人道之外別求高妙淸淨是卽有我之至其遠天愈甚去道愈遠孔子以天游之身魂氣無不之神明無不在偶受人身來則安之順受其正出爲我之公卿我則事之入爲我之父兄我則事

之死喪之威人所同有也我則匍匐救之而不畏避酒食之樂人所娛生也我亦醉飽同之但不至亂凡人間世之道纖悉皆盡無異常人但終身應物皆順體魄之自然因物付物而神明超然寂然不動故終日行而未嘗行終日言而未嘗言何有于我也在衆無衆在身無身萬化而不厭千變而不捨深入而不癡故灑掃卽爲神功人事皆爲道境絕無奇特卽以絕無奇特爲彼岸不離人道卽以不離人道爲極功無大無小無精無粗自得安居者卽爲聖人不自得安居者卽爲鄉人此蓋化人之妙用而孔子自道之也不然聖人雖謙何至不能爲鄉人所能哉儒者自命爲衛道而宋人最長于割地凡高妙者皆付之于釋道乃至安身立命超然自得者亦付之于佛則孔子之道只有克己寡欲劬躬勞身而已是墨子之道所以敗也宋賢言道之極卽入于墨非孔子之道也

○子在川上曰逝者如斯夫不舍晝夜

天運而不已水流而不息物生而不窮運乎晝夜未嘗已也往過來續無一息也是以君子法之自强不息及其至也純亦不已焉

○子曰吾未見好德如好色者也

史記孔子居衛靈公與夫人同車使孔子爲次乘招搖市過之孔子醜之故有是言蓋好德者魂靈也好色者光魄也受光而見色色與目宜者目則好之電自相吸魂不能主則從之矣故漢哀帝之好董賢斷袖而讓以天下齊高緯之于馮小憐亡國而更獵一圍好之至則有如此然易其目色則愛好頓無皆魄爲之也七十子之事孔子心悅誠服終身從之則魂靈爲之故魂淸自主者好德魄濁用事者好色而常人無學魄常勝魂故好德不如好色

○子曰譬如爲山未成一簣止吾止也譬如平地雖覆一簣進吾往也

包咸曰簣土籠也此勉人爲學當强毅以期有成苟能自强不息

則積少成多爲士可至聖人苟廢于半塗則前功盡廢惟聖罔念作狂其止其往其成其敗皆在人之强力堅志而不在多少蓋孔子爲成德者勉其極功爲初學者厲其鋭志也

○子曰語之而不惰者其回也歟說文作憜則惰是今文

何晏曰顔淵解故語之而不惰餘人不解故有惰語之時蓋學者之性資有高下學力有深淺悶根有鈍利故同一義語而有領受不領受者佛與諸大弟子語而新學無聞正與此同故孔子有中人以上可語上中人以下不可語上之義孔門多高弟子而孔子所心心印可者惟顔子一人其與語之精義妙道必羣弟子所不能知者惜顔子早沒而孔子神化大道遂不可聞此則大教之遺恨也

○子謂顔淵曰惜乎吾見其進也未見其止也

包氏咸曰孔子謂顔淵進益未止痛惜之甚皇疏謂顔子死後孔

子有此歎也若孔子見顏子之才詣已定矣惟尙當方進之時則以聖人之才爲聖人之道日新未已爲聖人而已矣然而短命不能至聖而不可測之神則此才爲古今最可惜者也此篇多美顏子蓋顏子爲聖門第一高才及門無及之者傳道失人關係至大故孔子痛之至謂天喪也

○子曰苗而不秀者有矣夫秀而不實者有矣夫

穀之始生曰苗吐華曰秀成穀曰實喻學者之等級如此未學譬之苗達才譬之秀成德譬之實學者之有此或阨于壽命或懈于中途故學者如牛毛成者如麟角聖人之所以激厲後生至矣漢沛相范君墓碑禰衡顏子碑以惜顏子茂而不實也牟融理惑論梁書徐勉傳李軌法言注世說新語同則舊說有此

○子曰後生可畏焉知來者之不如今也四十五十而無聞焉斯亦不足畏也已皇本可畏下有也字已下有矣字

此勉學者後生少年也年少者氣盛體强年富志銳盛德大業無所不可爲無所不可成其勢無比不止可嘉而實可畏來日方多安知不如我今日蓋是時孔子有聖人之望天下所共尊學者以爲不可幾及也孔子誘之曰後生何必慕我乃可過我而令吾畏之者也時哉時哉宜日就月將惜陰黽勉若四五十而名譽不聞則雖發憤爲學精力已衰志氣已惰即有所成亦爲小就不足畏矣曾子曰三十四十之間而無藝即無藝矣五十而不以善聞則不聞矣語意正同蓋學業成否全在少年故孔子望之深警之切如此當孔子夢奠時子夏子游子張曾子皆二十餘歲顔幸冉孺曹邺伯虔公孫龍僅二十後生少年之成就者亦多可見孔子陶鑄之盛也

○子曰法語之言能無從乎改之爲貴巽與之言能無說乎繹之爲貴說而不繹從而不改吾末如之何也已矣

法語者正義言之也巽言者孫順導之也繹尋引其理也法言人所敬憚故必從然不改則面從而已巽言無所乖忤故必說然不繹則又不足以知其微意之所在也語之而不達拒之而不受其或喻焉則尚庶幾其能改繹矣從且說矣而不改繹焉則是別有肺腹雖聖人其如之何哉

○子曰主忠信毋友不如己者過則勿憚改重出而逸其半或弟子頻聞故重錄之

○子曰三軍可奪帥也匹夫不可奪志也

帥者將帥四丈爲匹匹夫者書堯典疏士大夫已上有妾媵庶人無妾媵惟夫妻相匹孔氏曰三軍雖衆人心不一則其將帥可奪而取之匹夫雖微苟守其志不可得而奪也三軍之勇在人匹夫之志在己在人則可奪在己不可奪如可奪則亦不足謂之志矣立志爲學者第一事志不立則天下無可爲者

○子曰衣敝縕袍與衣狐貉者立而不恥者其由也與不忮不求何

用不臧子路終身誦之子曰是道也何足以臧釋文敝或作弊皇本說文衣部作弊則敝是今文注疏本三十章釋文云三十一章則古本多一章正分不忮不求以下

敝壞也緼舊亂絮也袍狐貉以狐貉之皮為裘董子繁露謂百工商賈不敢服狐貉則貴人禦寒之服子路當寒時無裘棉袍已敝一寒至此而復與狐裘者並立相形瑟縮而浩氣自充無所愧恥子路之志如此則能不以饑寒易其慮不以貧富動其心可以進于道矣故夫子稱之忮很也忌也求貪也臧善也此衛風雄雉之詩孔子引之以美子路蓋貧與富交強者必忮弱者必求然求為人情之常忮乃心術之大害志士去求尚易去忮為難終身誦之則自喜其能而不復求進于道矣故夫子復警之蓋不恥惡衣惡食者入道之基而非成德之詣德貴日新道在上達若遽以自喜則止而不復進矣孔子始善之而末云不善其鞭辟陶鎔學者真善誘之妙用矣

○子曰歲寒然後知松柏之後彫也

何晏曰大寒之歲衆木皆死然後知松柏不彫傷平歲則衆木亦有不死者故須歲寒而後別之喻凡人處治世亦能自修整與君子同在濁世然後知君子之正不苟容至臨利害遇事變然後君子之所守乃見也蓋不經盤根錯節不足以別利器不經變故患難不足以識忠良詩不云乎風雨如晦雞鳴不已

○子曰知者不惑仁者不憂勇者不懼

明足以燭理故不惑理足以勝私故不憂氣足以配道義故不懼此學之序也人之生世與接爲搆日以心鬪萬物之事理錯雜于前而不知所從則日在惑中身家國天下苦惱相纏而不能逃去則日在憂中身世言行危難相觸而不能勝之則日在懼中惑則如盲人瞎馬夜行臨池憂則如在火坑懸崖漏舟敗屋懼則如見毒蛇猛虎大火怨賊此人道之至苦而日望聖人拯之也聖人先

救惑者以窮理明物之知則幽室皆見光明施憂者以樂天知命之仁則地獄皆成樂土施懼者以浩氣剛大之勇則風雷亦能弗迷故知仁勇爲三達德學者度世之妙方不可不信受者也

○子曰可與共學未可與適道可與適道未可與立可與立未可與權

玉篇權稱錘也孟子權然後知輕重蓋轉移而後得其平變置無常而後得其正謂之權可與共學者有志者也然有志而智識昧者未可與適道可與適道者識明能擇善者也然力弱不堅未可與立擇善而固執知類通達強立不反可與立矣至于可與立則篤信好學守死善道者矣然時措有宜變通盡利其以行權固有反經而合道者神而明之存乎其人必如此乃足見事理之變濟時勢之窮孔子之春秋有據亂升平太平三世禮運有大同小康易有潛龍見龍飛龍羣龍無首歸魂游魂若執一而不知時中則

爲拘儒小儒而害大道矣故孔子之道主于時歸于權其未可與立者信道不篤其未可與權者執德不弘皆未足與議也程子攻公羊權義此程子所以終身僅爲可與立之人歟已所不知削孔子之大義合聖人之大義日亡此則宋儒之割地偏安也

唐棣之華偏其反而豈不爾思室是遠而子曰未之思也夫何遠之有釋文偏本亦作翩未或作末者非皇本有下多哉字

唐棣之華爲齊魯韓之詩劉歆僞毛詩無之諸儒動指爲逸詩豈知凡經孔門所引安有佚詩耶何晏曰唐棣栘也華反而後合賦此詩者以言權道反而後至於大順思其人而不得見者其室遠也以言思權而不得見者其道遠也唐棣亦作常亦通作棠諸書紛如郝懿行義疏引牟願相說唐棣卽今小桃白其樹高七八尺其華初開反背終乃合并得之目驗足爲翩反之證而語助辭何晏曰夫思者當思其反反是不思所以爲遠能思其反何遠之有

言權可知惟不知思耳思之有次序斯可知矣蓋權反于經而後合于道道固甚多東西之相反而相通南極北極相反而相成故問孝則人人異告進退則由求反異既曰天下有道則見無道則隱而又曰天下有道丘不與易既曰身體髮膚不敢毀傷而又曰殺身成仁既曰大夫無遂事而又曰大夫出竟有可以安社稷利國家者專之可也天有陰陽故教有經權常變開闔公私仁義文質皆有二者故三統不同三世互異大同與小康相反太平與亂世相反能思其反乃爲合道若從常道反不合道矣故循常書故之人不知深思天理人事之變則不能行權若于人事能思之于物理思之于時變思之既思其正而又思其反正反既具眞道乃見故六經終于易以變爲義是篇終于權以思其反爲義孔子慮後人拘守一隅特著是義以教人無泥常而知權當深思而知反何晏所傳當爲先師微言而今幸存者也蓋天以變爲運人以變

爲體人全體兩月而盡變安有可永遠守常者故日日守常卽日日思反相反相成乃可行也或以爲慕道之人亦欲來學但苦室遠未能豈知志士千里負笈棄家事師苟有志焉萬里異國奔走相從謂之遠者實未思耳于義亦通

論語注卷之九終

門人贛縣王德潛初校
門人高要陳煥章覆校
門人番禺王覺任覆校
門人東莞張伯楨覆校